Connaissance de l'Inconscient

Collection

dirigée par J.-B. Pontalis

SÉRIE : ŒUVRES DE SIGMUND FREUD

traductions nouvelles

SIGMUND FREUD

SUR LE RÊVE

Traduit de l'allemand
par Cornélius Heim
Préface
de Didier Anzieu

nrf

GALLIMARD

Titre original :

ÜBER DEN TRAUM (1901)
Indice bibliographique : 1901*a*.

Préface

TABLE D'HÔTE

Le 4 novembre 1899, l'éditeur Franz Deuticke, à Leipzig et à Vienne, met en vente Die Traumdeutung *(qui peut se traduire par* L'Interprétation du rêve *ou par* L'Interprétation des rêves*). Il date toutefois la parution de 1900, première année d'un nouveau siècle, objet d'un grand espoir auquel sont censées répondre, entre autres, les découvertes contenues dans le livre. Un peu auparavant, vers le 20 octobre, Freud reçoit les deux premiers exemplaires, dont il envoie aussitôt un à Fliess, son confident, son mentor et son juge tout au long de la conception et de la composition de l'ouvrage, puis son lecteur minutieux lors de la correction des épreuves. Freud a quarante-trois ans et demi. Le livre lui a coûté près de quatre ans d'un travail assidu. Dès juillet 1895 en effet, il découvre que le sens des rêves est un accomplissement de désir. En octobre, il envoie à Fliess le* Projet d'une psychologie scientifique *qui ne paraîtra qu'après sa mort. Au début de 1896, il forge le mot de* Psycho-analyse *pour désigner sa méthode d'investigation de l'incons-*

cient et le corpus des énoncés théoriques qu'il commence d'établir. En octobre 1896, son père Jacob meurt. Le bouleversement intérieur qui s'ensuit déclenche chez Sigmund une importante activité de fantasmatisation, par le biais de rêves (puis d'oublis, de lapsus, d'actes manqués, de souvenirs-écrans) qu'il auto-analyse. Cela constitue le terreau où vont germer dans sa réflexion les concepts nouveaux relatifs aux processus préconscients et inconscients et à leur articulation, dans ce qu'il appelle l'appareil psychique, avec le système perception-conscience. Il met au jour successivement le complexe d'Œdipe en octobre 1897, le fantasme de scène primitive (ou originaire) en 1898 et, en 1899, l'angoisse de castration (sans encore la désigner ainsi).

Die Traumdeutung *est un livre inspiré, plein d'allant, intrépide, mais rendu difficile par l'originalité des idées qu'il contient, par la complexité de son architecture, par la rigueur et la multiplicité de ses articulations théoriques, par la nouveauté des concepts, par le foisonnement des exemples, par la concision de leur étude ou inversement par la dispersion de celle-ci à travers des chapitres différents, par l'enchevêtrement des auto-observations de Freud et des observations de la vie onirique d'autrui, par l'incertitude sur le genre littéraire adopté par l'auteur : traité scientifique, journal intime, confession, clé des songes, voyage fantastique, quête initiatique, essai sur la condition humaine, et plus encore, vaste fresque allégorique de l'inconscient. Le matériel est abondant : 160 rêves environ sont cités; 50 sont de Freud; 70 proviennent de la parenté, de patients, d'amis, d'élèves; 40 ont été trouvés par lui dans des publications sur le rêve, moitié en langue allemande, moitié en langue française; un est fourni par la Bible, un autre par l'histoire romaine. L'ouvrage est assez volumineux : l'édition originale allemande comprend 375 pages (Freud l'augmentera à chaque nouvelle édition jusqu'aux 475 pages de la 5ᵉ édition en 1919). Ce sont des pages serrées : la réédition dans le volume double II-III des* Gesammelte Werke *en 1942 occupe 640 pages.*

Freud attend beaucoup de ce gros livre : la reconnaissance de la valeur de ses découvertes, la fin de sa solitude intellectuelle, la notoriété, l'afflux de la clientèle, l'aisance financière; en deux mots la puissance et la gloire. La réalité inflige un démenti d'autant plus douloureux à des espoirs si grandioses. Le livre se vend mal, au grand dam de l'éditeur : d'après Jones, il est tiré à 600 exemplaires qui mettront huit ans à s'épuiser; 123 exemplaires sont vendus pendant les six premières semaines, à la fin de 1899, et 228 au cours des deux années suivantes. Les rares comptes rendus dans la presse médicale sont assez ignares ou critiques. Des collègues, des amis qui se sont reconnus dans les exemples sont furieux. Freud se console mal en persistant à penser qu'il a quinze ou vingt ans d'avance sur son siècle. Il lui faut – nouvelle blessure d'amour-propre – relever des lapsus, des erreurs dans son texte imprimé.

Sur ces entrefaites, survient la proposition d'un nouvel écrit sur les rêves, plus court, plus simple, plus accessible, sous forme d'une contribution à une publication collective. Freud met un certain temps à l'accepter et un temps encore plus long à la réaliser. Il est tenté par une formule qui a toutes chances d'élargir le cercle de ses lecteurs et de mieux faire connaître l'essentiel de ses idées. Mais il craint que cette nouvelle publication ne fasse double emploi avec Die Traumdeutung *et qu'elle ne le retarde dans la préparation des trois ouvrages auxquels il s'est mis à penser aussitôt achevée la correction des épreuves de son livre : une « Psychologie de la vie quotidienne » (qui deviendra la* Psychopathologie de la vie quotidienne, *gros article terminé en février 1901 et paru en deux livraisons dans une revue en juin-juillet 1901, puis en 1904 sous la forme enrichie d'un livre); une « Théorie de la sexualité », qui paraîtra en 1905 sous le titre* Trois Essais sur la théorie sexuelle; *une étude de l'humour et de l'esprit, qui verra le jour également en 1905 sous le titre* Le Mot d'esprit dans ses rapports avec l'inconscient. *Les lettres à Fliess permettent de suivre les étapes de cette hésitation jusqu'à la mise en chantier effective du projet.*

Freud fait allusion à celui-ci pour la première fois le 1er février 1900 : « J'ai promis à Löwenfeld un court extrait du livre (sur les rêves) pour l'été comme chapitre de sa nouvelle série : Grenzfragen des Nerven – und Seelenleben *(Aux frontières de la neurologie et de la psychologie). » Le 4 avril 1900, il décline une proposition voisine transmise par Fliess : « Je me hâte de te répondre pour te dire que je n'ai nullement fille et la rédaction de* Über den Traum, *se déroulent parallèlement pendant trois mois pour s'achever à la fin de l'année 1900. Le mois de janvier 1901 est consacré à rédiger le cas de Dora, le mois de février à terminer la* Psychopathologie de la vie quotidienne.

Les tergiversations de Freud, son faible empressement au travail, puis la hâte avec laquelle il s'en acquitte expliquent certaines des caractéristiques de Über den Traum *: absence de titres aux chapitres, manque d'une table des matières, brièveté du fascicule (37 pages dans l'édition originale, 57 pages dans les* Gesammelte Werke*), clarté et simplicité des exposés théoriques, emprunts à* Die Traumdeutung *de plusieurs rêves de lui-même et de patients. Le travail du rêve est exposé avec assez de précision; par contre relativement peu du chapitre* VII *de* Die Traumdeutung *sur la structure et le fonctionnement de l'appareil psychique se trouve repris. Freud insère six rêves nouveaux. Quatre sont de lui, le rêve* Table d'hôte *étant le plus largement commenté; les trois autres :* Trottoir roulant, Chapeau haut de forme en verre, Piscine, *sont rapportés sans être interprétés : j'ai proposé de les dater de l'été 1900. Un rêve, qui se réduit à une phrase, est d'un ami; un sixième rêve est d'un enfant; aucun des rêves nouveaux n'est d'un patient. On peut toutefois supposer que les débuts de la cure de Dora rencontrent un écho, dans le rêve* Table d'hôte, *que l'on peut donc situer aux environs de la mi-octobre 1900. Ajoutons que ce n'est* *pas par hasard si, des nombreux rêves de Freud rapportés dans* Die Traumdeutung, *le seul qui soit repris en détail et complété dans* Über den Traum *est un rêve sur Fliess, ou plutôt contre Fliess,* Goethe attaque Monsieur M.; *il ponctue la liquidation du « transfert » de Freud sur Fliess.*

Über den Traum *paraît en 1901 aux pages 307-344 du fascicule cité plus haut, dirigé par Löwenfeld et publié chez Bergmann, à Wiesbaden. La deuxième édition en 1911 chez le même éditeur se fera sous la forme d'une brochure indépendante, augmentée de notes, de plusieurs paragraphes et du chapitre* XII *et avant-dernier sur le symbolisme des rêves.*

Rétablissons la table des matières manquante. Elle pourrait se présenter comme suit :

Chap. I. – Les trois fausses conceptions du rêve : romantique, matérialiste, symbolique-populaire.

– II. – La méthode psychanalytique des associations libres. Exemple du rêve de la « Table d'hôte ».

– III. – La dramatisation : le rêve est la mise en images d'un désir insatisfait de la veille. Exemples de rêves d'enfants repris de *Die Traumdeutung* : « F(r)aises », « Panier de cerises », « Promenade sur un lac », « Excursion au Dachstein », « Excursion d'un père et de sa fille », « Achille et Diomède »; et d'un rêve d'adulte, « Menstruation »; un rêve d'enfant nouveau par rapport à *Die Traumdeutung* : « Lit trop petit ».

*

Le rêve « Table d'hôte » *constitue l'apport le plus neuf de Freud dans* Über den Traum. *L'expression à double sens (en allemand comme en français) du rêve : « ça coûte » (en efforts et en argent), résume assez bien la résistance de Freud à se mettre au travail. Il accomplit celui-ci par devoir, ce que le rêve figure ainsi : il faut bien manger des épinards même quand on ne les aime pas.* Über den Traum *apparaît à Freud comme le repas standard et peu coûteux qu'on prend avec des inconnus à la table d'hôte, par opposition à* Die Traumdeutung *qui pourrait se comparer à un menu soigné, servi à la carte et sur une table à part. Freud vient d'écrire un bref premier chapitre sur les théories – philosophiques, médicales, populaires – du rêve, et il cherche un exemple pour le chapitre suivant où il va exposer sa méthode, tout comme dans* Die Traumdeutung, *après le premier chapitre historique et bibliographique, il a consacré le chapitre suivant au rêve sur « Irma ». La nuit suivante, un samedi soir d'octobre 1900, réponse fidèle à son attente, lui vient le rêve de la* « Table d'hôte », *dont il rédige le récit et un commentaire le lendemain, en justifiant l'intérêt de prendre pour exemple le rêve de « la nuit dernière ».*

De même le rêve sur « Irma », dans la nuit du 23 au 24 juillet 1895, était déjà venu répondre fidèlement à son attente. En 1895, Freud a tiré tout ce qu'il pouvait de la collaboration avec Breuer, il était impatient de voler de ses propres ailes et de s'engager dans l'exploration, à laquelle répugnait Breuer, de la sexualité infantile. Il avait hâte d'être en vacances pour vérifier sur lui-même que, chez l'homme normal comme chez le névrosé, le rêve est accomplissement de désir : ce que lui a confirmé le rêve sur « Irma ».

En 1900, l'attente de Freud reproduit pour une part son attente de 1895. Il a tiré tout ce qu'il pouvait de la collaboration avec Fliess et il a hâte de poursuivre, sans cet ami qui n'a pas vraiment compris Die Traumdeutung, l'élaboration de la théorie psychanalytique : le rêve dans les deux cas vient témoigner que le travail intérieur de détachement envers le compagnon de route a commencé. En 1900, la technique de Freud a progressé, mais la conduite de ses cures reste incertaine : le transfert éveille en lui les mêmes sentiments de culpabilité que cinq ans plus tôt; face à ces sentiments, le rêve sur « Irma » et le rêve de la « Table d'hôte » réalisent un désir de disculpation.

On retrouve également dans les associations libres du second rêve une bonne partie des personnages du premier. Les acteurs ne sont-ils pas dans les deux cas les confrères Fliess, Breuer, Otto (Oscar Rie) et Léopold (Ludwig Rosenberg) et, pour les femmes, Martha, l'épouse, et sans doute (bien que Freud ne la cite pas explicitement) la jeune Dora, venues prendre la place d'Irma.

On constate la même succession de tableaux dans les deux rêves :

– Pour commencer, une figuration du préconscient où les pensées latentes se pressent en foule : « Un grand hall. De nombreux invités, nous recevons. » – « En société, table ou table d'hôte. »

– Ensuite une scène de séduction : Freud prend Irma « à part » et procède sur elle à un examen oto-rhino-gynécologique. – « Mme *E.L... est assise à côté de moi, se tourne entièrement vers moi et pose familièrement la main sur mon genou. »*

– Après le désir, la défense : « Elle se montre récalcitrante. » – « J'éloigne la main dans un mouvement de défense. »

– Entre le désir et la défense, un compromis : voir est permis, toucher est défendu, « Je vois de remarquables formations frisées qui ressemblent visiblement aux cornets du nez » : allusion à la spécialité de Fliess. – « Vous avez toujours eu de si beaux yeux » : allusion à la spécialité de Königstein.

– La scène suivante du premier rêve (l'examen et la discussion du diagnostic par les confrères) n'a pas son pendant dans le second; Freud se sent maintenant autonome par rapport à eux.

– Enfin l'explication : « La triméthylamine (dont je vois la formule imprimée en caractères gras devant moi). » – « Je vois alors vaguement quelque chose comme le dessin de deux yeux ou le contour d'une paire de lunettes. » Explication ternaire dans le premier cas (ce qui anticipe les trois systèmes de l'appareil

psychique), binaire dans le second (ce qui renvoie à la bisexualité). Dans les deux cas figure l'idée que le rêve est une transcription et que Freud sait en lire la formule, en déchiffrer le rébus.

Mais les ressemblances s'arrêtent là. En 1895, Freud partait pour une aventure et une découverte, celle du sens et des processus du rêve. En 1900, cette aventure, cette découverte sont terminées; il ne peut que les rappeler avant de reprendre et de poursuivre dans d'autres domaines l'aventure et la découverte. Ce rêve de la « Table d'hôte » *est comme le doublet, à but de vulgarisation, d'un rêve princeps qui fut le point de départ d'un élan créateur. D'où, à la fin de ce second rêve, l'accent mis sur l'idée de « copie ». Aux « beaux yeux » réels et vivants, aimés et clairvoyants, se substituent des yeux dessinés, qui laissent eux-mêmes la place à des « lunettes »; ces lunettes enfin ne sont pas des lunettes réelles; le dernier mot du rêve les réduit à n'être que « quelque chose (...) comme le contour d'une paire de lunettes ».*

Après l'échec provisoire de Die Traumdeutung, *après la déception de sa dernière rencontre avec Fliess, Freud reprend confiance dans sa propre capacité de découverte : j'ai déjà fait une découverte (représentée par son substitut métonymique, le rêve sur « Irma »), j'en ferai bien une autre (représentée par son substitut métaphorique, le rêve* « Table d'hôte »*).*

Les personnages principaux qui interviennent dans les associations de Freud peuvent être identifiés avec assez de vraisemblance. Le reste diurne le plus récent dont l'auto-analyse du rêve fait état peut être précisé et complété comme suit. Freud a, comme d'habitude, passé la soirée du samedi chez son ami l'ophtalmologiste Hans Königstein (qui est sur le point de recevoir sa nomination de professeur), sans doute avec les partenaires habituels Oscar Rie et Ludwig Rosenberg (cf. *l'« Otto » et le « Léopold » du rêve sur « Irma »). Le dîner a été copieux, suivi sans doute de la traditionnelle partie de tarots, et la réunion animée. Freud a demandé à son hôte des nouvelles d'une malade qu'il lui avait envoyée pour des questions de lunettes. Un des convives a pris une voiture et a ramené Freud chez lui. Pendant le trajet, Freud a fait des réflexions amusantes sur le taximètre : à peine a-t-on pris place qu'avec la prise en charge on est déjà endetté; c'est comme à table d'hôte où la dette augmente vite et où on a peur de ne pas en avoir pour son argent; et Freud de citer deux vers de Goethe, s'adressant aux puissances célestes (c'est-à-dire aux « Mères ») :*

Ihr führt ins Leben uns hinein,
Ihr lasst den Armen schuldig werden.

Deux mots du second vers sont à double sens : Armen *signifie comme le terme français « pauvre », soit « malheureux » soit « impécunieux »; et* schuldig *peut vouloir dire « coupable » ou « endetté ». D'où les deux traductions possibles :*

Vous nous donnez la vie,
Vous rendez les pauvres créatures coupables
(ou) Vous rendez les créatures pauvres endettées.

Irma, dans le rêve de juillet 1895, était une « image composite », une « personne multiple » (trait typique de l'hystérie). En plus d'Emma Eckstein, passée sous silence par Freud dans ses commentaires (une patiente à lui, très mal opérée par Fliess des cornets du nez), Irma représentait pour Freud : Martha (sa femme), Anna Hammerschlag-Lichtheim (une jeune veuve, amie de Martha, qui refusait la « solution » proposée par Freud à ses symptômes hystériques), une amie de celle-ci (que Freud aurait souhaité traiter), Mathilde (la fille aînée de Freud), une malade mal soignée par Freud et qui était morte, une enfant de la clinique où Freud était consultant, une gouvernante examinée par Freud et qui essayait de dissimuler son dentier.

Dans le rêve d'octobre 1900, Mme E.L. remplit ce même rôle, que Freud ne précise pas, de personne composite. Selon lui, elle est la fille d'un homme envers qui il a eu une dette financière (sans doute Breuer); elle est aussi Martha. Selon nous, Mme E.L. représente également la jeune patiente hystérique nouvelle (de son vrai nom Ida Bauer, Freud la prénommera Dora; il est manifestement touché par un transfert d'emblée séducteur que le rêve traduit clairement) et la jeune belle-sœur de Freud, Minna Bernays (pour la santé de laquelle Freud s'inquiète et engage des dépenses importantes : voir les lettres à Fliess entre le 14 septembre 1900 et le 7 août 1901).

Ainsi, trois figures féminines, Martha, Minna, Dora, qui ont fait ou qui font des avances réelles ou imaginaires à Freud, se trouvent-elles condensées sous l'apparence anodine et irréprochable d'une personne mariée, non vue depuis longtemps et avec laquelle Freud n'a guère entretenu de relations amicales.

Si cette Mme E.L. *est bien une fille de Breuer, il ne peut s'agir que de l'aînée, Bertha (1870-1962), qui a épousé en 1893 Paul Hammerschlag, fils du professeur d'hébreu très aimé par Freud (les Breuer et les Hammerschlag habitaient le même immeuble); elle est donc la belle-sœur d'Anna Hammerschlag-Lichtheim, qui avait été une des principales composantes de l'image onirique d'Irma; Bertha Breuer-Hammerschlag, qui n'a dans la réalité que des liens superficiels avec Freud, occupe le rôle principal dans le rêve* « Table d'hôte » *car elle assure un chaînon, une « pensée intermédiaire », entre ce dernier rêve et le rêve princeps sur Irma. Mais dans le rêve de 1900, cette fille aînée condense aussi ses deux autres sœurs. Margareth, surnommée Grete, la deuxième (1872-1942), vient, en effet, quatre mois et demi avant le rêve, le 21 mai 1900, d'épouser Arthur Schiff, un ami de Fliess : mariage qui a fait redouter à Freud une « Breuerisation » de son ami berlinois (lettre à Fliess du 11 mars 1900). Enfin la troisième et dernière fille, Dora (1882-1938) (elle restera célibataire et se suicidera lors de l'*Anschluss*), présente cette particularité d'être née pendant que son père se passionnait pour la cure d'Anna O. et d'avoir en conséquence en octobre 1900 le même âge qu'Ida Bauer pour la cure de laquelle Freud commence à se passionner, à qui il « transférera » le prénom de*

Dora et qui va le mener au même échec utile pour lui qu'Anna O. l'avait fait à l'égard de Breuer.

Le rêve « Table d'hôte » *est successivement utilisé par Freud comme exemple :* a) *de l'utilisation des restes diurnes dans le contenu manifeste du rêve (chap.* II*);* b) *du processus de condensation de scènes et de mots dans le travail du rêve et aussi du processus de retournement en son contraire (chap.* IV*);* c) *du processus de déplacement, ce qui permet à Freud de bien saisir l'opposition fondamentale du contenu manifeste et du contenu latent du rêve (chap.* V*); et enfin* d) *du processus de retour du refoulé sous un déguisement (chap.* VIII*). Chacun de ces passages se termine sur un refus délibéré de Freud d'en dire davantage : décision, pour des raisons privées, de ne pas communiquer le « nœud » du rêve (chap.* II*); censure de deux séries de souvenirs relatifs à des brouilles avec une personne aimée (chap.* IV*); allusion aux grosses dépenses pour une personne (non précisée) de sa famille qui lui est « chère » (chap.* V*); découverte que, sous le désir conscient d'un amour désintéressé, se glisse le regret inconscient d'avoir fait ces dépenses et refus d'expliquer pourquoi : « C'est là, certes, une autre question qui me conduirait très loin de mon sujet, et dont la réponse, que je connais, a place dans un autre contexte » (chap.* VIII*). Il est assez facile de détecter les identités des deux personnes ainsi censurées. Ce sont respectivement l'homme et la femme qui jouent alors un grand* *rôle dans la vie de Freud et qui ne figurent pas dans ses commentaires du rêve : Fliess, avec lequel il vient de se brouiller à Achensee sur la question de la bisexualité; Minna Bernays, la belle-sœur de Freud, venue vivre, fin 1896, au foyer de celui-ci, devenue la confidente de ses travaux et sa compagne de voyage et qui supplante Fliess dans l'amitié à la fois intellectuelle et passionnelle dont Freud a besoin pour créer. La bisexualité est ainsi au cœur du rêve comme elle est présente au cœur et à l'esprit de Freud.*

Dans le rêve, le dessin représentant deux yeux rappelle un rêve antérieur, « Mon fils, le myope », du début 1898, où Freud reprochait à Fliess de gâcher l'idée intéressante de la bisexualité en cherchant à la fonder sur la bilatéralité du corps.

La présence des lunettes obéit sans doute à une autre surdétermination en relation avec Fliess. Dix mois après le rêve, Fliess écrira à Freud une remarque cruelle : « Celui qui lit la pensée d'autrui n'y trouve que ses propres pensées. » Freud répondra le 7 août 1901 : « Tu atteins là les limites de ta perspicacité. » On peut supposer que l'idée de « double vue » circulait déjà inconsciemment entre les deux hommes en octobre 1900, avant qu'ils ne se la jettent à la figure en août 1901. La phrase terminale du rêve de la « Table d'hôte » *commence par « Je vois ». Freud affirme là sa clairvoyance face au bilatéralisme pseudo-scientifique de Fliess (les* deux *yeux dessinés). Mais il déguise, mécanisme de renversement qui lui est familier, le « clairement » en son contraire « vaguement ».*

La pensée latente est : « C'est bien moi qui vois clair, c'est toi qui as besoin de lunettes. »

La bilatéralité, évoquée par l'allusion du rêve à la convergence binoculaire, renvoie encore à Fliess par le biais de Breuer : Fliess va-t-il rester du côté de Freud ou, après le mariage de Margareth Breuer avec Arthur Schiff, l'ami de Fliess, va-t-il rallier le camp de Breuer et des critiques d'ordre médical que celui-ci adresse à Freud? L'affaire, complexe, concerne à la fois une question de dette et une question de thérapeutique. D'abord la dette. Le 20 mai 1900 Freud a écrit à Fliess qu'il aimerait rompre entièrement avec Breuer mais qu'il en est empêché par une ancienne dette d'argent. En 1898, Freud avait proposé à Breuer un remboursement par acomptes, ce que Breuer avait écarté, arguant tantôt que la dette était déjà épongée, tantôt qu'il tenait les sommes en question (2 300 guldens au total, environ 3 000 francs-or) pour des cadeaux, non pour des prêts. Cadeaux dont l'amour-propre de Freud ne veut pas : dans le rêve, il écarte le geste de familiarité que lui adresse une des filles de Breuer. Mais c'est là une réaction qui « coûte » : affirmer son indépendance, c'est assumer le risque de perdre l'amour de ceux envers qui on a une dette d'argent et aussi d'idées (la méthode cathartique due à Breuer, la bisexualité due à Fliess).

Examinons maintenant le problème médical. La mère d'Ida Fliess à Vienne est gravement malade. Elle est soignée par Breuer, dont Freud désapprouve le traitement. Or l'évolution de la maladie donne raison à Freud; Ida Fliess, rendant visite à l'un et à l'autre, vient précisément d'en donner le témoignage : la scène du rêve où Mme E.L... *fait des avances à Freud est directement inspirée de cela* (cf. *les lettres à Fliess du 23 octobre 1900, du 25 novembre 1900, du 1er janvier 1901, où Freud parle des maladies de la belle-mère et aussi de la mère de Fliess). Ajoutons qu'Oscar Rie (Otto), qui a épousé une sœur d'Ida Fliess, se trouve aussi en désaccord avec Breuer sur le traitement de sa belle-mère – le sujet a été sans doute abordé entre Rie et Freud lors de la partie de tarots, la veille du rêve. Schur pense que ce sont ces maladies de la mère et de la belle-mère de Fliess qui conduiront Freud à prolonger sa correspondance avec son ami pendant le premier semestre 1901.*

L'autre personnage important censuré par Freud dans ses commentaires est Minna Bernays, sa belle-sœur, alors âgée de trente-cinq ans. En août 1900, après la rencontre avec Fliess à Achensee, Freud part faire des excursions dans les Alpes italiennes avec Martha et Minna. Martha se fatiguant vite, il continue avec Minna seule, qu'il conduit finalement dans un sanatorium à Merano pour y soigner une récidive de sa tuberculose. De retour à Vienne, elle reste malade pendant tout le dernier trimestre 1900, sans qu'on puisse parvenir à un diagnostic exact et Freud parle d'elle dans chacune de ses lettres (plus rares) à Fliess. Elle a renoncé à refaire sa vie après la mort de son fiancé, tuberculeux, et elle aide Martha dans l'éducation de ses six enfants. Elle n'a évidemment aucun revenu personnel et elle est entièrement à la charge de Freud. L'acte manqué de la Caisse d'Épargne où Freud retire 438 couronnes au lieu de 380, pour en remettre 300 à « un parent auquel il a été ordonné un traitement thermal » se rapporte vraisemblablement à elle (cité dans la Psychopathologie de la vie quotidienne*). Le sens de cet acte apparaît aussitôt à Freud : c'est la crainte de se ruiner par de telles dépenses. Rapproché du rêve de la* « Table d'hôte », *le sens se précise comme suit : c'est la crainte de se ruiner pour ses beaux yeux.*

Minna en effet est de quatre ans plus jeune que Martha ; elle n'a pas été fatiguée, comme elle, par des maternités répétées; elle est plus vive, plus intellectuelle, plus spirituelle. Selon Jones, « on la voyait tenant dans une main un torchon et dans l'autre un livre ». Sigmund peut mieux qu'à sa femme lui parler de ses travaux et lui demander de l'accompagner dans des excursions en montagne. Enfin, célibataire et seule dans la vie, elle a dû constituer pour Freud un objet libidinal disponible, désirable et interdit. Jones nie toute « attirance sexuelle » entre eux et dénonce les « médisances parfaitement infondées (...) d'après lesquelles Minna aurait remplacé Martha dans l'affection de Freud ». La censure qui ne la laisse subsister que sous forme anonyme dans les commentaires du rêve « Tâble d'hôte » *traduit bien la présence de l'interdit de l'inceste, dont la force chez Freud, si elle le protégeait de tout passage à l'acte, ne l'empêchait pas d'être lucide à l'égard des racines pulsionnelles de son lien avec sa belle-sœur.*

Passons en revue plus sommairement quelques autres fils directeurs qui s'entrecroisent dans le rêve « Table d'hôte ».

« Les scènes de ménage avec Martha » : *Freud cite une brouille légère survenue en septembre 1900, à table d'hôte, pendant le voyage de vacances dans le Tyrol, scène qu'il rapportera également dans la* Psychopathologie de la vie quotidienne. *Il tait la brouille grave survenue pendant leurs fiançailles. La correspondance de cette période en évoque deux autres possibles : Sigmund exigeant de sa toute récente fiancée une rupture immédiate avec un garçon qui lui plaisait, Fritz Wahle, fiancé assez indifférent d'une cousine de Martha, en fait amoureux de celle-ci ; ou encore, juste avant le mariage, Sigmund exigeant de son beau-frère Eli Bernays (frère de Martha et époux d'Anna, la sœur de Sigmund) la restitution immédiate de la partie de la dot de Martha, dont il avait la gestion. Quant aux deux scènes où quelqu'un lui pose la main sur le genou, il est impossible de les rattacher à des événements connus. La vivacité de leur censure par Freud et la logique du rêve laissent supposer qu'il s'agirait soit d'une scène de séduction homosexuelle, soit du souvenir de caresses de Nannie, sa nurse, sur son « genou » (c'est-à-dire sur son pénis).*

« Les beaux yeux » : *Dans le contenu manifeste du rêve, M*^me^ *E. L... déclare à Freud : « Vous avez toujours eu de si beaux yeux » : accomplissement du désir d'obtenir un amour désintéressé. Le contenu latent concerne le thème de la conjuration du mauvais œil. Freud travaille en effet sur la psychologie de la superstition pour sa future* Psychopathologie de la vie quotidienne. *Dans son commentaire, il évoque un occhiale (coupe antique avec des yeux peints sur le pourtour), seul cadeau qu'il ait fait à Königstein. Dans le rêve sur Irma, Freud explorait la gorge et le vagin séduisants de sa patiente, en hommage à la théorie de Fliess sur les rapports entre le nez et les organes génitaux féminins. Dans le rêve* « Table d'hôte », *en hommage à Königstein l'ophtalmologiste, la séductrice M*[me] *E. L... examine les yeux de Freud : pour son bonheur ou pour son malheur? La mère est pour le nourrisson un sein qui allaite, une bouche qui parle, un œil qui regarde; le rêve* « Table d'hôte » *met en images successivement ces trois fonctions : le repas, la conversation, le regard. Être aimé, c'est être à la merci de l'autre, qui, sous prétexte de vous faire du bien, vous fait du mal, vous obligeant, par exemple, à manger des épinards détestés : l'amour a un goût d'amertume...*

« La cure de Dora » : *Notre hypothèse est la suivante : M*[me] *E. L... représente, dans le rêve, Dora, avec le transfert érotique par lequel elle sollicite Freud; pour se défendre de ce transfert, Freud se remémore, afin de ne point se les répéter, l'aveuglement conscient et la connivence inconsciente de Breuer affronté jadis au transfert érotique d'Anna O... et il se représente sous forme figurative les caractéristiques fondamentales de la situation psychanalytique. Cette hypothèse permet la lecture suivante du rêve :*

– *«* M*me* E. L... *est assise à côté de moi »,*

= Dora est allongée devant moi (position de la cure psychanalytique) ;

– *« se tourne entièrement vers moi »,*

= sa libido se déplace et se concentre sur moi (transfert) ;

– *« et pose familièrement la main sur mon genou »,*

= comme une fille peut le faire avec son père (désir incestueux) ;

– *« J'éloigne la main dans un mouvement de défense »,*

= je ne réponds pas à sa tentative de séduction (règle d'abstinence).

*

Du point de vue théorique, Über den Traum *n'apporte guère qu'un concept nouveau, celui de* dramatisation *(au début du chapitre* III*), processus psychique qui s'ajoute à la condensation et au déplacement pour expliquer le travail du rêve. Dans le chapitre* I *de* Die Traumdeutung *Freud citait Spitta : le rêve « dramatise » une idée, mais il n'avait pas utilisé ce verbe pour son propre compte dans la suite du livre. C'est sans doute en rédigeant* Über den Traum *que le substantif* « Dramatisierung » *lui est venu à l'esprit pour la première fois.*

À cette exception près, Freud, dans son opuscule

(terme convenant mieux ici que celui de livre) n'innove pas. L'intérêt réside ailleurs.

En premier lieu, Über den Traum permet au lecteur de s'instruire rapidement sur les découvertes freudiennes concernant la construction, la structure et les fonctions du rêve, qui sont résumées de façon claire, précise et logiquement ordonnée. Le ton, très proche de la conversation, donne l'impression au lecteur, à la manière vivante de la maïeutique socratique, de partager l'activité de découverte avec l'auteur. Afin d'aiguiser la lecture, la composition de l'ensemble l'apparente à un roman policier. Comme me l'a communiqué l'excellent traducteur du présent volume, le lecteur est invité à assister, voire à participer à une enquête portant sur ce crime psychique mystérieux qu'est le rêve et qui aboutit au dévoilement du « coupable », en l'occurrence la censure, agent du refoulement.

Die Traumdeutung, par contre, avec ses méandres, sa matière touffue, ses mises en question, ses surprises, ses rapprochements, ses intuitions, sa fabuleuse galerie de rêves, en un mot sa composition « baroque », présentait au lecteur l'inconscient, à l'image multidimensionnelle duquel l'ouvrage se trouvait involontairement organisé.

Après une telle audace, audace à laquelle la fortune n'avait pas encore souri, Über den Traum revient au style d'exposé « classique ». Par amertume; par prudence envers le public potentiel; par un moindre investissement de Freud dans la question, pour lui maintenant dépassée, du rêve. Et aussi parce que, à l'instar *de l'histoire, laquelle, quand se répète un événement, le traite la seconde fois dans un genre différent, l'auteur qui a produit un livre inspiré, s'il le recommence sous une autre forme, ne peut que lui donner au mieux une forme didactique, au pire une forme dogmatique.*

Die Traumdeutung *est un prototype de ce que Umberto Eco appellera l'œuvre « ouverte »;* Über den Traum *ressemble à un traité scolastique,* Die Traumdeutung *apporte une initiation à l'inconscient;* Über den Traum *se contente d'être, quinze ans avant que Freud ne dénomme ainsi un de ses livres, une introduction à la psychanalyse. Chacun de nous est invité à la table d'hôte...*

Le problème de l'écriture psychanalytique se trouve ainsi posé incidemment par les deux premiers livres psychanalytiques de Freud. Celui paru en 1899 est un livre de psychanalyse. Celui achevé à la fin de 1900 est un livre sur la psychanalyse. Le premier accomplit une avancée dans l'énonciation. Le second propose une succession d'énoncés qu'il est à la limite d'organiser en système. L'écriture psychanalytique oscille entre ces deux pôles et sa difficulté n'est pas mince. Comment par l'écriture, activité étroitement dépendante de la logique secondaire, rendre compte de l'inconscient, c'est-à-dire des processus primaires régis par une tout autre logique? Tout écrit psychanalytique est une manière de trancher cette aporie, une manière généralement involontaire et qui reste inconsciente à l'auteur. Car l'inconscient, une fois de plus, a le premier et le dernier mot : quand ce n'est pas avec ses fantasmes, c'est avec ses mécanismes de défense.

Sur le rêve annonce de loin l'Abrégé de psychanalyse terminal que la mort de Freud interrompra. C'est le premier texte où Freud procède à une vulgarisation de sa propre pensée. Il deviendra par la suite un maître dans cet art : conférences universitaires vraies ou fictives, Présentation de soi-même, Histoire du mouvement psychanalytique, interview imaginaire. Sur le rêve par rapport à L'Interprétation des rêves, c'est toutes proportions gardées comme le Manifeste de Marx par rapport au Capital, L'Existentialisme est un humanisme de Sartre par rapport à L'Être et le Néant. Après l'échec provisoire de L'Interprétation des rêves, Freud part à la conquête du monde culturel contemporain.

Un deuxième intérêt d'Über den Traum est qu'il dégage, mieux que ne le faisait Die Traumdeutung, la fonction heuristique, pour Freud, du rêve comme modèle de compréhension des processus psychiques inconscients. En plusieurs passages, Freud indique que le travail du rêve n'est que « le premier des processus psychiques découverts dans une série d'autres » : formation des symptômes hystériques obsessionnels et phobiques, idées délirantes, etc. La condensation et le déplacement, remarque-t-il, ne manquent jamais dans ces autres processus. Le rêve est donc important, mais à titre d'exemple princeps.

Über den Traum ne répète pas l'affirmation un peu trop grandiloquente figurant à l'avant-dernière *page de* Die Traumdeutung : *le rêve est la* Via Regia *(la voie royale) menant à la connaissance de l'inconscient. Dès le début du premier chapitre de* Über den Traum, *Freud met en garde contre la tendance à la surestimation de l'activité onirique chez certains philosophes (et, pourrait-on de nos jours ajouter : chez certains psychanalystes).*

La valeur, reconnue au rêve, d'avoir permis à Freud de découvrir les processus primaires et à ses continuateurs de les illustrer, demande à être contrebalancée par un constat de limites : le rêve n'est qu'une formation de l'inconscient parmi d'autres. La même pondération du jugement est requise en ce qui concerne non plus la théorie de la production du rêve mais la théorie de sa réception et la technique de son interprétation. En effet – remarque que je dois à J.-B. Pontalis – le rêve, d'une part, occupe une place privilégiée pour Freud (et pour beaucoup de psychanalystes) en tant qu'il s'offre à la méthode d'analyse par fragmentation en éléments et par associations d'idées sur chacun de ces éléments; et, d'autre part, cette méthode est loin de pouvoir ou de devoir s'appliquer à l'ensemble du matériel non onirique apporté par le patient à ses séances.

Un troisième et dernier constat demande à être brièvement dressé. Les ouvrages de Freud postérieurs à la Psychopathologie de la vie quotidienne *(qui relève du même genre que* Sur le rêve*) apporteront des idées qui seront souvent contestées au sein du mouvement psychanalytique et/ou au-dehors : les stades du* *développement psychosexuel, le meurtre du père comme préalable à la fondation du lien social, la pulsion de mort, le concept même de pulsion, voire la métapsychologie. Par contre la théorie du rêve telle que l'expose* Über den Traum *reste un acquis. Freud lui-même et plusieurs de ses successeurs (Bertram Lewin, par exemple) l'ont complétée, enrichie, précisée sur quelques points. Nul psychanalyste ne l'a mise en question et aucun des chercheurs des disciplines voisines (sociologie, ethnologie, psychiatrie, neuropsychologie, psychologie expérimentale et cognitive) n'a depuis près d'un siècle proposé avec succès une nouvelle conception du rêve. Tout le monde, il est vrai, rêve et peut, à l'exemple de Freud, vérifier par lui-même, ou avec l'aide éventuelle d'un psychanalyste, la justesse et l'efficacité de la conception psychanalytique.*

Didier Anzieu

Note liminaire

Éditions allemandes :

1901 *Über den Traum.* Publié pour la première fois dans la collection *Grenzfragen des Nerven- und Seelenlebens* [*Problèmes frontières de la neurologie et de la psychologie*], édité par L. Löwenfeld et H. Kurella, Wiesbaden, Bergmann, p. 307-344.

1911 deuxième édition, augmentée, sous forme de brochure, Wiesbaden, Bergmann, 44 pages.

1921 troisième édition, même texte, Munich et Wiesbaden, 44 pages.

1925 *Gesammelte Schriften,* tome III, p. 189-256, même texte, Leipzig, Vienne et Zurich, Internationaler Psychoanalytischer Verlag.

1931 *Sexualtheorie und Traumlehre* [*Théorie sexuelle et théorie du rêve*], recueil de textes de Freud, p. 246-307, même éditeur.

1942 *Gesammelte Werke,* tome II-III, p. 643-700, Londres, Imago Publishing Co.

Le texte n'a pas été inclus dans la *Studienausgabe.*

Traduction française :

1925 *Le Rêve et son interprétation,* traduit de l'allemand par Hélène Legros, coll. Les Essais, n° 36, Paris, Gallimard, 176 pages.
1969 même texte, coll. Idées, Paris, Gallimard, 110 pages.
1985 même texte, coll. Folio essais, Paris, Gallimard, 119 pages.

Traduction anglaise :

1953 *On Dreams,* traduit de l'allemand par James Strachey, The Standard Edition of the Complete Psychological Works of Sigmund Freud, tome V, p. 629-686, Londres, Hogarth Press.

Freud n'apporta qu'une addition importante à *Sur le rêve* au cours de ses successives réimpressions : l'actuel chapitre XII, qui paraît pour la première fois dans la deuxième édition (1911).

Le lecteur trouvera dans la préface des informations relatives aux circonstances de la composition et de la publication de l'ouvrage.

La traduction, comme toutes les précédentes de cette série de traductions nouvelles, suit le texte allemand d'aussi près que possible, en sacrifiant au besoin l'élégance à la fidélité. On remarquera que le mot *rêve* revient avec une fréquence qui peut sembler quelquefois fâcheuse. C'est que Freud aussi répète le mot sans remords, notamment dans un grand nombre de mots composés avec *« Traum ».* Çà et là nous avons introduit l'adjectif *onirique*. Il traduit toujours un *« Traum »* en composition ou un *« des Traumes »*, du rêve.

« Remplacer », « remplaçant », « remplacement » traduisent systématiquement *« vertreten », « Vertreter », « Vertung »*, tandis que « substituer », « substitut », « substitution » ont été réservés à la série *« ersetzen », « Ersatz », « Ersetzung »*.

Freud, dans cet ouvrage, pratique deux genres de mises en valeur de son texte : l'*impression espacée* et l'*italique*. Les deux procédés sont réduits à un seul, l'italique, dans l'édition française. Notons à ce sujet que Freud imprime en italique ses exemples de rêves ; les mises en valeur qui apparaissent dans son exposé proprement dit sont en revanche traduites par une typographie espacée.

Les notes appelées par des chiffres sont de Freud, celles appelées par des lettres sont des notes de traduction ou d'édition. Les numéros en marge sont ceux des pages des *Gesammelte Werke* (en abrégé *G.W.*), tome II-III. Les quelques mots entre crochets dans le texte de Freud ont été ajoutés par le traducteur pour faciliter la compréhension.

Sur le rêve

I

Dans les temps que nous pouvons nommer pré-scientifiques, les hommes n'étaient pas embarrassés pour expliquer le rêve. Quand ils s'en souvenaient au réveil, ils le tenaient pour une information soit bienveillante soit hostile de puissances supérieures, dieux et démons. Avec l'éclosion du mode de pensée scientifique, toute cette mythologie riche de sens multiples s'est transposée en psychologie, et de nos jours, il ne reste, parmi les gens cultivés, qu'une infime minorité de personnes qui doutent que le rêve soit une *opération* [a] *psychique propre* au rêveur. 645*

Cependant, depuis que l'hypothèse mythologique se trouve rejetée, il est devenu nécessaire d'expliquer le rêve. Les conditions de sa genèse, sa relation avec la vie psychique de l'état de veille, sa dépendance par rapport à des stimulus qui se pressent pour être perçus pendant l'état de sommeil, les nombreuses

* *G.W.*, II-III.

a. *Leistung.* Ce mot sera toujours traduit par « opération ».

particularités de son contenu qui heurtent la pensée éveillée, la discordance entre ses représentations et les affects qui s'y rattachent, enfin le caractère fugitif du rêve, la manière dont la pensée éveillée l'écarte comme une chose étrangère, en mutile le souvenir, ou l'efface –, tous ces problèmes et d'autres encore réclament depuis bien des siècles des solutions qui, jusqu'à nos jours, n'ont pu être données de manière
646 satisfaisante. Or, au premier plan de cet intérêt pour le rêve se trouve la question de sa *signification,* question qui enferme un double sens. Elle interroge d'abord sur la signification psychique du rêve, sur sa position par rapport à d'autres processus psychiques et sur une éventuelle fonction biologique de celui-ci; deuxièmement, elle se demande si le rêve est *interprétable,* si le contenu de chaque rêve a un *« sens »,* comme nous sommes accoutumés à découvrir un sens dans d'autres compositions psychiques.

Trois directions s'ouvrent à nous pour une appréciation du rêve. La première, qui a conservé pour ainsi dire l'écho de l'ancienne surestimation du rêve, trouve son expression chez nombre de philosophes. Ceux-ci tiennent qu'à la base de la vie onirique se trouve un état particulier de l'activité psychique, état qu'ils célèbrent même comme une ascension à un niveau supérieur. C'est ainsi qu'en juge, par exemple, B. Schubert. Le rêve libérerait l'esprit de l'emprise de la nature extérieure, il détacherait l'âme des entraves du sensoriel. D'autres penseurs ne vont pas aussi loin mais maintiennent que les rêves découlent essentiellement d'incitations psychiques et présentent des extériorisations psychiques, dont, pendant le jour, le libre déploiement est entravé (manifestations de la fantaisie onirique – Scherner, Volkelt). Un grand nombre d'observateurs accordent à la vie onirique la faculté de produire des opérations hors du commun [a], tout au moins dans certains domaines (mémoire).

En contraste flagrant avec cette position, la plupart des auteurs médicaux soutiennent un point de vue qui n'accorde plus guère au rêve la valeur d'un phénomène psychique. Selon eux, les excitateurs du rêve sont exclusivement des stimulus sensoriels et corporels, qui ou bien atteignent le dormeur de l'extérieur ou se manifestent fortuitement dans ses organes internes. Ce qui est rêvé ne peut pas plus prétendre à un sens [b] et une signification [c] que, par exemple, la suite de sons que produiraient les dix doigts d'un individu totalement ignorant de la musique lorsqu'ils se promènent sur les touches d'un instrument. Le rêve doit être décrit comme rien d'autre qu'« un processus corporel dans tous les cas inutile, dans bien des cas morbide » (Binz).
Toutes les particularités de la vie onirique 647
s'expliquent à partir du travail d'organes isolés, ou de groupes d'organes isolés, au sein d'un cerveau

a. *Ueberleistung.*
b. *Sinn.*
c. *Bedeutung.*

par ailleurs plongé dans le sommeil, travail lui-même sans cohérence, produit par des stimulus physiologiques.

Peu influencée par ce jugement de la science et peu soucieuse des sources du rêve, l'opinion populaire semble tenir à la croyance qui veut que le rêve ait tout de même un sens, que celui-ci se rapporte à l'annonce de l'avenir, et qu'un quelconque procédé d'interprétation peut permettre de connaître son contenu, souvent confus et énigmatique. Les méthodes d'interprétation employées dans ce cas consistent soit à substituer au contenu remémoré du rêve un autre contenu, fragment par fragment, *selon une clé déjà existante,* soit à substituer à la totalité du rêve une autre totalité, avec laquelle celui-ci se tient dans la relation d'un *symbole.* De tels efforts font sourire les gens sérieux. *« Träume sind Schäume »,* les rêves ne sont que de l'écume [a].

a. Un équivalent approximatif pour rendre l'homophonie *« Träume-Schäume »* pourrait être en français : « songes – mensonges ».

II

À ma grande surprise, je découvris un jour que la conception non médicale du rêve, la conception profane, celle qui reste à demi prisonnière de la superstition, se rapproche de la vérité. J'arrivai en effet à de nouvelles conclusions concernant le rêve, en lui appliquant une nouvelle méthode d'investigation psychologique qui m'avait rendu d'excellents services dans le dénouement [a] des phobies, des idées obsédantes [b], des idées délirantes [c], etc., et qui a depuis lors trouvé accueil chez toute une école de chercheurs sous le nom de « psychanalyse ». Les différentes analogies de la vie onirique avec les états les plus divers de la maladie psychique observés à l'état de veille ont certes été relevées avec raison par de nombreux chercheurs médicaux. On pouvait donc espérer *a priori*, semble-t-il, qu'un processus d'investigation qui avait fait ses preuves dans les

a. *Lösung*.
b. *Zwangsideen*.
c. *Wahnideen*.

tableaux psychopathiques pût également être appli-
648 qué à l'explication du rêve. Les idées anxieuses [a] et obsédantes sont étrangères à la conscience normale à peu près comme les rêves sont étrangers à la conscience éveillée; la conscience ignore leur origine de même qu'elle ignore l'origine des rêves. S'agissant de ces formations psychopathologiques, c'est un intérêt pratique qui a conduit à explorer leur origine et leur genèse, car l'expérience avait montré que mettre au jour les chemins de pensée, cachés à la conscience, par lesquels les idées morbides se nouent au reste du contenu psychique équivaut à dénouer [b] ces symptômes et a pour conséquence la maîtrise de l'idée jusqu'alors impossible à inhiber. C'est donc de la psychothérapie que découla la méthode dont je me servis pour résoudre le problème du rêve.

Il est facile de décrire cette méthode, encore que son application exige à coup sûr savoir et pratique. Lorsqu'on doit l'appliquer à un autre, par exemple à un malade souffrant d'une représentation anxieuse, on lui demande de diriger son attention sur l'idée en question, non pas, comme on l'a déjà fait maintes fois, pour réfléchir sur elle, mais pour prendre note *sans exception de ce qui lui vient à l'esprit à son sujet* et le communiquer au médecin. On écartera l'affirmation qui pourra alors s'élever et qui consisterait à prétendre que l'attention est incapable de rien

a. *Angstideen.*
b. *Lösung.*

saisir ; on déclarera avec énergie qu'une telle absence d'un contenu de représentation est tout à fait impossible. Et de fait, très vite, de nombreuses idées incidentes [a] se produiront, idées auxquelles d'autres se rattacheront, mais que l'individu livré à l'introspection introduira en règle générale par la remarque suivante : ces idées sont absurdes ou sans importance, elles n'ont rien à voir avec le sujet, elles ne me sont venues à l'esprit que fortuitement et sans corrélation avec ce qui est en question. On remarque tout de suite que c'est cette *critique* qui a exclu toutes ces idées incidentes de la communication, qui les a même empêchées de devenir conscientes. Si on peut amener l'individu en traitement à ce qu'il renonce à adresser une telle critique à ses idées incidentes et à ce qu'il développe les enchaînements de pensées qui se produisent tandis que l'attention est fermement maintenue, on obtient un matériel psychique qui se rattache bientôt clai- 649
rement à l'idée morbide en cause, qui met à nu ses connexions avec d'autres idées et permet, en poursuivant encore davantage, de substituer à l'idée morbide une idée nouvelle qui s'intègre d'une manière compréhensible dans le contexte psychique.

Il n'y a pas lieu ici de développer dans le détail les présupposés sur lesquels cette expérience repose ni les conséquences qui découlent de sa réussite

a. *Einfälle,* mot que nous traduirons toujours par « idées incidentes ».

régulière. Il nous suffira donc de dire que pour toute idée morbide nous obtenons un matériel suffisant pour la dénouer, lorsque nous dirigeons notre attention justement sur les associations *« involontaires »*, celles qui *« dérangent notre réflexion »*, celles que la critique écarte normalement comme étant un déchet sans valeur. Si l'on utilise la méthode pour soi seul, le mieux sera de soutenir l'examen en notant tout de suite les idées incidentes, qui d'abord seront incompréhensibles.

Je veux maintenant montrer à quoi conduit l'application au rêve de cette méthode d'investigation. Chaque exemple de rêve devrait s'y prêter de la même manière; cependant, pour certaines raisons, je choisis un rêve que j'ai fait moi-même, qui m'apparaît dans le souvenir comme imprécis et absurde, et qui peut se recommander par sa brièveté. Peut-être le rêve que j'ai fait la nuit dernière remplira-t-il ces exigences. Voici son contenu, noté immédiatement après le réveil.

« En société, table ou table d'hôte [a]*... On mange des épinards... M*[me] *E. L. est assise à côté de moi, se tourne entièrement vers moi et pose familièrement la main sur mon genou. J'éloigne la main dans un mouvement de défense. Alors elle dit : Vous avez toujours eu de si beaux yeux... Je vois alors vaguement quelque chose comme le dessin de deux yeux ou le contour d'une paire de lunettes... »*

a. *Table d'hôte* en français, comme partout dans la suite.

Voilà tout le rêve, ou du moins tout ce qui en demeura dans mon souvenir. Il m'apparaît comme obscur et absurde, mais surtout comme déconcertant. Mme E. L. est une personne avec laquelle je n'ai guère entretenu de relations amicales et à ma connaissance je n'ai jamais souhaité en entretenir de 650
plus cordiales. Je ne l'ai plus vue depuis longtemps et ne crois pas qu'il ait été question d'elle au cours des derniers jours. Le processus du rêve n'est accompagné d'affects d'aucune sorte.

Réfléchir sur ce rêve ne le rend pas plus intelligible. Mais je vais à présent noter sans intention préconçue ni esprit critique les idées incidentes qui résultent de mon observation de moi-même. Je remarque bientôt que pour cela il y a avantage à décomposer le rêve en ses éléments et à chercher les idées incidentes qui se rattachent à chaque fragment.

Société, table ou table d'hôte. À cela se rattache aussitôt le souvenir d'un petit événement qui termina la soirée d'hier. J'avais quitté une petite réunion en compagnie d'un ami qui se proposa de prendre une voiture et de me ramener à la maison. « Je préfère une voiture avec un taximètre », dit-il, « cela vous occupe agréablement; on a toujours quelque chose à regarder. » Lorsque nous fûmes dans la voiture et que le cocher eut mis le disque de manière à rendre visible la première taxe de soixante hellers, je poursuivis la plaisanterie. « À peine sommes-nous montés que nous lui devons déjà soixante hellers. Les voitures à taximètre me font toujours penser à la *table d'hôte*. Elles me rendent avare et égoïste en me rappelant sans répit ce que je dois. J'ai l'impression que ma dette croît trop rapidement et je crains de ne pas en avoir pour mon argent, de même qu'à la *table d'hôte* je ne peux me défendre de la préoccupation risible de penser que je ne reçois pas suffisamment, d'avoir à ne pas perdre de vue ce qui m'est dû. » Sans que cela présente un rapport bien étroit je cite alors :

Ihr führt ins Leben uns hinein,
Ihr lasst den Armen schuldig werden [a]

Deuxième idée incidente se rapportant à la *table d'hôte* : il y a quelques semaines, me trouvant au Tyrol dans une auberge d'une station de montagne, je m'irritai vivement contre ma chère femme parce qu'elle ne se montrait pas suffisamment réservée à l'égard d'un certain nombre de voisins de table avec
651 lesquels je n'avais aucune envie d'entrer en relation.
Je la priai de s'occuper plus de moi que de ces étrangers. Là aussi, c'est *comme si je n'en avais pas*

a. Goethe, *Les années d'apprentissage de Wilhelm Meister,* livre II, chap. 13. Chant du harpiste, qui s'adresse aux « Puissances célestes » :

Vous nous faites entrer dans la vie,
Vous laissez le malheureux devenir coupable.

À noter que le mot *« schuldig »* signifie à la fois « coupable » et « débiteur ».

eu pour mon argent à la table d'hôte. À présent je suis également frappé par le contraste entre le comportement de ma femme à cette table et celui de Mme E. L. dans le rêve, laquelle *« se tourne entièrement de mon côté ».*

Poursuivons. Je remarque à présent que le processus du rêve est la reproduction d'une petite scène qui s'est déroulée d'une manière toute semblable entre ma femme et moi, à l'époque où je lui faisais secrètement la cour. La caresse sous la nappe fut la réponse à une lettre d'amour pressante. Cependant, dans le rêve, Mme E. L., qui ne m'est pas autrement proche, se substitue à ma femme.

Mme E. L. est la fille d'un homme à qui j'*ai dû de l'argent.* Je ne peux m'empêcher de remarquer qu'ici se révèle une corrélation insoupçonnée entre les fragments du contenu du rêve et mes idées incidentes. Si l'on suit la chaîne associative qui part d'un élément du contenu du rêve, on est bientôt ramené à un autre élément de ce contenu. Les idées qui me viennent à propos du rêve produisent des liaisons qui ne sont pas discernables dans le rêve lui-même.

Quand quelqu'un attend que d'autres travaillent à son avantage sans y trouver le leur, ne se plaît-on pas à demander ironiquement à ce naïf : « Est-ce que vous croyez que ceci ou cela se fera *pour vos beaux yeux*? » Alors dans ce cas le propos que tient Mme E. L. dans le rêve : « Vous avez toujours eu de si beaux yeux » ne signifie rien d'autre que : « Les gens ont toujours tout fait pour vous complaire; vous avez tout *eu gratuitement.* » C'est bien sûr le contraire qui est vrai : j'ai payé cher tout ce que les autres peuvent m'avoir rendu en matière de bienfait. Par conséquent, je ne dois quand même pas être resté insensible au fait d'*avoir eu gratuitement* la veille la voiture dans laquelle mon ami m'a ramené à la maison.

Il est vrai aussi que l'ami dont nous étions les hôtes hier soir a souvent fait de moi son débiteur.
652 Tout récemment encore j'ai laissé passer sans en profiter une occasion de m'acquitter. Il possède un seul cadeau venant de moi, une coupe antique sur le pourtour de laquelle des *yeux* sont peints; c'est ce qu'on nomme un *occhiale* pour *protéger* du *mauvais œil.* Il est au demeurant *ophtalmologiste.* Le soir même, je l'avais interrogé sur la patiente que j'avais envoyée à sa consultation pour qu'il lui prescrive des *lunettes.*

Je remarque qu'à présent presque tous les fragments du contenu du rêve sont compris dans le nouveau contexte. Cependant, je pourrais demander, en bonne logique, pourquoi dans le rêve on sert précisément des *épinards*? Parce que ce mot rappelle une petite scène qui s'est récemment déroulée à notre table familiale, lorsqu'un enfant, celui précisément dont on peut effectivement vanter les *beaux yeux,* se refusa à manger des épinards. Je faisais comme lui dans mon enfance; pendant longtemps j'ai détesté les épinards, jusqu'à ce que, plus tard, mon goût ait changé et que ce légume devienne mon mets favori. La mention de ce plat introduit ainsi un rapprochement entre ma jeunesse et celle de mon enfant. « Sois content d'avoir des épinards », avait lancé sa mère au petit difficile. « Il y a des enfants qui seraient bien aises de manger des épinards. » Je suis ainsi rappelé aux devoirs des parents à l'égard de leurs enfants. Les mots de Goethe :

Ihr führt ins Leben uns hinein,
Ihr lasst den Armen schuldig werden

révèlent dans ce contexte un sens nouveau.

Je m'arrêterai ici afin d'embrasser du regard les résultats que nous avons déjà obtenus dans l'analyse du rêve. Tout en suivant les associations qui se rattachaient aux éléments isolés du rêve, arrachés à leur contexte, je suis parvenu à une série de pensées et de souvenirs où il me faut reconnaître de précieuses expressions de ma vie psychique. Ce matériel découvert par l'analyse du rêve entretient une corrélation étroite avec le contenu du rêve; cependant, cette corrélation est d'une nature telle que je n'aurais jamais pu dégager du contenu du rêve ce qui vient d'être découvert. Le rêve était dépourvu d'affect, 653
incohérent et incompréhensible; tandis que je développe les pensées qui se trouvent derrière le rêve, j'éprouve des mouvements d'affect intenses et bien fondés; les pensées elles-mêmes se lient avec une logique parfaite, en formant des chaînes où certaines

représentations surviennent à plusieurs reprises en tant que représentations centrales. De telles représentations, non remplacées [a] dans le rêve lui-même, sont constituées dans notre exemple par les oppositions *intéressé – désintéressé,* les éléments *être débiteur – faire gratuitement.* Dans le tissu qui se révèle à l'analyse, je pourrais tirer plus fortement sur les fils et montrer alors qu'ils se réunissent en un nœud, mais des considérations de nature non pas scientifique mais privée me retiennent de faire publiquement ce travail. Je devrais trahir trop de choses dont il vaut mieux qu'elles demeurent mon secret, car en m'acheminant vers cette solution toutes sortes de choses, que je ne m'avoue moi-même pas volontiers, me sont devenues claires. Pourquoi, alors, n'ai-je pas plutôt choisi un autre rêve dont l'analyse se prêterait mieux à la communication, de sorte que je puisse mieux convaincre du sens et de la cohérence du matériel découvert par l'analyse? La réponse est la suivante : *chacun* des rêves dont j'aurais à m'occuper conduirait aux mêmes choses difficilement communicables et m'amènerait à la même nécessaire discrétion. Je n'éviterais pas davantage cette difficulté si je proposais à l'analyse le rêve d'un autre, à moins que les circonstances ne permettent de laisser tomber tous les déguisements, sans préjudice pour celui qui s'est confié à moi.

a. *nicht vertretene Vorstellungen.* – *Vertreten* sera toujours traduit par « remplacer », cf. p. 41.

La conception qui s'impose à moi dès maintenant me conduit à penser que le rêve est une sorte de *substitut* remplaçant les trajets de pensée chargés d'affect et riches de sens auxquels j'ai abouti au terme de l'analyse. Je ne connais pas encore le processus qui a permis au rêve de naître de ces pensées, mais je comprends qu'il est inexact de considérer celui-ci comme un processus purement corporel, sans importance psychique, né de l'activité isolée de certains groupes de cellules cérébrales tirées du sommeil.

Je noterai encore deux choses : que le contenu 654
du rêve est beaucoup plus court que les pensées dont je déclare qu'il est le substitut, et que l'analyse a découvert comme étant l'excitateur du rêve une circonstance peu importante du soir précédant le rêve.

Je ne vais naturellement pas tirer une conclusion d'une aussi vaste portée en la fondant sur l'analyse d'un seul rêve. Mais comme l'expérience m'a montré qu'en poursuivant les associations sans esprit critique, je peux passer, à partir de *chaque rêve,* à une telle chaîne de pensées, parmi les éléments de laquelle les parties constituantes du rêve reparaissent, et comme celles-ci se rattachent les unes aux autres correctement et rationnellement, il convient certes d'abandonner l'idée – d'une faible probabilité – que les corrélations notées dans le premier rêve pourraient être dues au hasard. Je me tiens donc pour autorisé à fixer par la terminologie cette vue nouvelle[a]. Je confronte le rêve tel qu'il existe dans mon souvenir au matériel qui s'y rapporte découvert par l'analyse, et nomme le premier le *contenu manifeste du rêve,* le second – d'abord sans autre distinction – le *contenu latent du rêve.* Je me trouve alors en présence de deux problèmes nouveaux, non encore formulés jusqu'ici : 1) quel est le processus psychique qui a fait passer le contenu latent du rêve au contenu manifeste, qui m'est connu par le souvenir? 2) quel est le motif, ou quels sont les motifs qui ont exigé une telle traduction? Je nommerai *travail du rêve* le processus de transformation du contenu latent du rêve en contenu manifeste. Le pendant de ce travail, qui opère la transformation inverse, je l'ai déjà nommé *travail d'analyse.* Les autres problèmes du rêve, ceux qui se rapportent aux excitateurs du rêve, à l'origine du matériel du rêve, au sens éventuel du rêve et à la fonction de l'activité onirique, ainsi qu'aux raisons qui font oublier les rêves, je les discuterai non pas dans le contexte du contenu manifeste du rêve mais dans celui, nouvellement dégagé, du contenu latent. Comme je ramène toutes les assertions contradictoires, aussi bien que toutes les assertions inexactes, que j'ai relevées dans les livres traitant du sujet à l'ignorance de ce contenu latent du

a. *Einsicht.*

rêve – qui ne se révèle qu'à l'analyse –, je m'efforcerai désormais très soigneusement de ne pas 655
confondre le *rêve manifeste* avec les *pensées latentes du rêve*.

III

La transformation des pensées latentes du rêve en contenu manifeste du rêve mérite notre pleine attention ; elle est en effet le premier exemple connu de nous de la transposition d'un matériel psychique passant d'un mode d'expression à l'autre, d'un mode d'expression qui nous est immédiatement compréhensible à un autre, à la compréhension duquel nous ne pouvons parvenir qu'à l'aide d'efforts bien dirigés, bien que nous devions le reconnaître, lui aussi, comme une opération de notre activité psychique. En tenant compte du rapport entre contenu latent et contenu manifeste, les rêves peuvent se diviser en trois catégories. Nous pouvons d'abord distinguer les rêves qui sont *sensés* et en même temps *compréhensibles,* c'est-à-dire qui sont susceptibles de se laisser intégrer à notre vie psychique sans nous heurter. Il existe beaucoup de rêves de ce genre ; ils sont le plus souvent brefs et nous apparaissent en général comme peu dignes d'attention, parce que toute surprise ou tout élément

déconcertant leur fait défaut. Le fait qu'ils se produisent est d'ailleurs un argument de poids contre la théorie qui fait naître le rêve de l'activité isolée de groupes particuliers de cellules cérébrales ; il leur manque toutes les caractéristiques d'une activité psychique dégradée ou morcelée, et cependant nous n'élevons jamais d'objection contre leur caractère de rêves et ne les confondons pas avec les produits de l'état de veille. Un second groupe est constitué par les rêves qui, tout en étant cohérents et de sens clair, produisent un effet *déconcertant,* parce que nous ne savons où loger ce sens dans notre vie psychique. C'est ce qui se produit quand nous rêvons, par exemple, qu'un parent cher est mort de la peste, alors que nous n'avons aucune raison d'attendre, de redouter ou de supposer un tel événement et que nous nous demandons, surpris : comment
656 suis-je arrivé à une pareille idée? Au troisième groupe, enfin, appartiennent les rêves auxquels manquent et le sens et l'intelligibilité, qui apparaissent comme *incohérents, confus* et *absurdes.* La grande majorité des produits de notre activité onirique présente ces caractères, qui ont fondé la piètre estime accordée aux rêves et la théorie médicale de l'activité psychique réduite. Dans les compositions oniriques d'une certaine longueur et complexité, notamment, il est rare que les signes les plus nets de l'incohérence fassent défaut.

L'opposition entre le contenu manifeste et le contenu latent du rêve n'a manifestement de signification que pour les rêves de la seconde catégorie, et plus proprement encore pour ceux de la troisième. C'est ici que se rencontrent les énigmes qui ne disparaissent que si l'on remplace le rêve manifeste par le contenu de pensée latent, et c'est à propos d'un exemple de ce genre, d'un rêve confus et inintelligible que nous avons entrepris l'analyse qui précède. Cependant, contre notre attente, nous nous sommes heurté à des motifs qui nous interdisaient de prendre complètement connaissance des pensées latentes du rêve, et la répétition de la même expérience a pu nous conduire à supposer qu'*il existe une corrélation intime et régie par une loi entre le caractère inintelligible et confus du rêve et les difficultés que soulève la communication des pensées du rêve.* Avant d'explorer la nature de cette corrélation, nous aurons avantage à diriger notre intérêt vers les rêves plus facilement intelligibles de la première catégorie, dans lesquels contenu manifeste et contenu latent coïncident, ceux donc qui semblent faire l'économie du travail du rêve.

L'examen de ces rêves se recommande encore d'un autre point de vue. Les rêves des *enfants* sont en effet de ce type, donc sensés et non déconcertants, ce qui, soit dit en passant, constitue une nouvelle objection contre ceux qui ramènent le rêve à une activité cérébrale dissociée dans le sommeil, car pourquoi un tel rabaissement des fonctions psychiques appartiendrait-il, dans le cas de l'adulte, 657
aux caractéristiques de l'état de sommeil, et n'en

irait-il pas de même pour l'enfant? Nous avons, au contraire, pleinement le droit d'attendre que l'explication des processus psychiques enfantins, fussent-ils notablement simplifiés, les fasse apparaître comme une préparation indispensable à la psychologie de l'adulte.

Je communiquerai donc quelques exemples de rêves d'enfants que j'ai réunis. Une petite fille de dix-neuf mois doit rester à jeun pendant tout un jour parce qu'elle a vomi le matin; selon sa bonne, elle s'est rendue malade en mangeant des fraises. Pendant la nuit qui suit ce jour de diète, on l'entend prononcer son nom en dormant et ajouter : « *F(r)aises, g(r)oseilles, omelettes, bouillie* ». Elle rêve donc qu'elle mange, et souligne, dans son menu, ce qui, suppose-t-elle, lui sera chichement accordé dans un proche avenir. – De même, un garçon de vingt-deux mois rêve d'une jouissance qui lui a été refusée; la veille il a reçu en cadeau de son oncle un petit panier de cerises fraîches, dont on ne lui a naturellement laissé goûter qu'un échantillon. Il se réveille en déclarant tout joyeux : « *Hermann mangé toutes les cerises.* » – Une petite fille de trois ans et demi avait fait, pendant le jour, une excursion sur un lac; celle-ci n'avait pas duré assez longtemps pour elle, car elle se mit à pleurer lorsqu'elle dut revenir sur terre. Le lendemain matin, elle raconta qu'elle avait navigué sur le lac pendant la nuit, qu'elle avait donc continué la promenade interrompue. – Un garçon de cinq ans et trois mois semblait

peu satisfait d'une excursion dans la région du Dachstein [a]; sitôt qu'un sommet apparaissait, il demandait si c'était le Dachstein et refusa de pousser avec les autres jusqu'à la cascade. Son comportement fut mis au compte de la fatigue, mais s'expliqua mieux le lendemain matin, lorsque, racontant son rêve, *il affirma être monté sur le Dachstein.* Il avait manifestement espéré que l'ascension du Dachstein serait le but de la sortie et s'était dépité de ne pas voir apparaître la montagne attendue. Il rattrapait en rêve ce que la journée ne lui avait pas apporté. – Comportement tout pareil dans le rêve d'une petite fille de six ans, dont le père avait interrompu une promenade avant l'arrivée au but à cause de l'heure 658
avancée. Sur le chemin du retour, l'enfant avait été frappée par un poteau indicateur qui indiquait un autre but d'excursion, et son père lui avait promis de la conduire également à cet endroit une autre fois. Le lendemain matin, elle apprit à son père que *celui-ci l'avait conduite à l'un et l'autre endroit.*

L'élément commun de ces rêves d'enfants saute aux yeux. Ils accomplissent tous des désirs qui ont été mis en branle pendant le jour et sont demeurés inaccomplis. Ce sont des *accomplissements de désir simples et sans voile.*

Voici aussi un rêve d'enfant qui n'est rien d'autre que l'accomplissement d'un désir, bien qu'il ne soit pas tout à fait intelligible à première vue. Une

a. Montagne des Alpes autrichiennes.

petite fille qui n'avait pas quatre ans avait été transportée de la campagne à la ville à cause d'une poliomyélite et passa la nuit chez une tante sans enfants, dans un lit de grande taille, bien entendu trop grand pour elle. Le lendemain matin, elle raconta qu'elle avait rêvé que *le lit avait été bien trop petit pour elle, de sorte qu'elle n'y avait pas trouvé de place.* Il est facile de reconnaître dans ce rêve un rêve de désir, pour peu qu'on se souvienne que les enfants expriment aussi fréquemment le désir d'*« être grands »*. La dimension du lit rappela par trop fortement sa petite taille à la petite désireuse d'être grande; c'est pourquoi elle corrigea en rêve un rapport qui lui déplaisait et devint dès lors si grande que le grand lit était devenu trop petit pour elle.

Même quand le contenu des rêves d'enfants se fait plus complexe et plus subtil, il est toujours très facile d'y voir l'accomplissement d'un désir. Un garçon de huit ans rêve qu'il s'est trouvé avec Achille sur le char que conduisait Diomède. On peut prouver que la veille, il s'est plongé dans la lecture des légendes héroïques de la Grèce; on peut aisément constater qu'il a pris ces héros pour modèles et regretté de ne pas vivre en leur temps.

Cette petite collection de rêves met réellement
659 en lumière un second caractère des rêves d'enfants, leur *corrélation avec la vie diurne.* Les désirs qui s'y réalisent proviennent du jour, en règle générale du jour précédent, et ont été marqués, dans la pensée

vigile, d'une intense accentuation affective. Ce qui est sans importance et indifférent, ou ce qui doit paraître tel à l'enfant, n'a pas trouvé d'accueil dans le contenu du rêve.

Chez les adultes aussi, on peut réunir de nombreux exemples de ces rêves de type infantile, qui, comme nous l'avons dit, offrent toutefois le plus souvent un maigre contenu. C'est ainsi que nombre de gens répondent normalement à un stimulus de soif nocturne par un rêve où ils boivent, lequel tend donc à l'élimination du stimulus et à la poursuite du sommeil. Bien des gens font fréquemment de tels *rêves de confort* avant de se réveiller, lorsque la nécessité de se lever se présente à eux. Ils rêvent alors qu'ils se sont déjà levés, qu'ils sont occupés à leur toilette, ou qu'ils se trouvent déjà dans leur classe, dans leur bureau, etc., là où ils devraient se trouver à ce moment précis. Au cours de la nuit qui précède un voyage qu'on projette de faire, il n'est pas rare de rêver qu'on est arrivé à destination; avant une représentation théâtrale, une réception, le rêve anticipe bien souvent, comme par impatience, le plaisir attendu. D'autres fois, le rêve exprime l'accomplissement du désir d'une manière plus indirecte; nous devons établir encore une relation, faire une déduction, donc procéder à un début de travail interprétatif pour reconnaître l'accomplissement du désir. Ainsi, par exemple, quand un homme me raconte que sa jeune femme a rêvé qu'elle avait ses règles. Je dois me dire que la jeune femme va au-

devant d'une grossesse si ses règles sont interrompues. La communication du rêve est alors l'annonce d'une grossesse et son sens est de montrer réalisé le désir que la grossesse tarde encore un peu. Dans des circonstances inhabituelles et extrêmes de tels rêves de caractère infantile deviennent particulièrement fréquents. Le chef d'une expédition polaire relate, par exemple, que pendant qu'ils prenaient leurs quartiers d'hiver sur la banquise, ses hommes,
660 condamnés à une chère monotone et à de maigres rations, rêvaient régulièrement, comme les enfants, de grands repas, de montagnes de tabac, et de leur foyer.

Il n'est pas rare du tout qu'un fragment se détache avec une netteté particulière d'un rêve assez long, complexe et confus dans son ensemble, un fragment qui comporte un irrécusable accomplissement de désir, mais soudé à un matériel différent, inintelligible. Si l'on tente d'analyser aussi une série de rêves d'adultes apparemment transparents [a], on constatera avec surprise qu'ils sont rarement aussi simples que les rêves des enfants, et qu'ils peuvent cacher encore un autre sens que celui de l'accomplissement d'un désir.

Certes, une solution simple et satisfaisante de l'énigme du rêve serait que le travail d'analyse nous rende capables de ramener aussi les rêves absurdes

a. *« anscheinend durchsichtigen Träume »* : texte de la première édition. Les éditions suivantes portent à tort : *« undurchsichtigen »*.

et confus des adultes au type infantile de l'accomplissement d'un désir diurne intensément ressenti. Il semble, à coup sûr, que nous ne devons rien attendre de pareil. Les rêves sont le plus souvent remplis d'un matériel des plus indifférents et des plus hétérogènes [a], et on ne voit pas ce qui, dans leur contenu, pourrait être un accomplissement de désir.

Mais avant de quitter les rêves infantiles qui sont des accomplissements de désirs sans voile, nous ne devons pas omettre de mentionner un caractère essentiel du rêve, qu'on a relevé depuis longtemps et qui apparaît précisément le plus purement dans ce groupe. Je peux substituer à chacun de ces rêves une phrase exprimant un désir : Oh, si seulement la navigation sur le lac avait duré plus longtemps! – si seulement j'étais déjà lavé et habillé! – si seulement j'avais eu le droit de conserver les cerises au lieu de les donner à mon oncle! Mais le rêve donne plus que cet optatif. Il montre le désir comme déjà accompli, il figure cet accomplissement comme réel et présent, et le matériel de la figuration onirique est constitué avant tout – quoique pas exclusivement – de situations et d'images sensorielles [b] le plus souvent visuelles. Une sorte de transformation –

a. *fremdartigst.*
b. *Sinnesbilder.*

qu'on a le droit de désigner du nom de travail du rêve – ne fait donc pas non plus complètement défaut à ce groupe : *une pensée qui se formule à l'optatif est substituée à une vision*[a] *au présent.*

a. *Anschauung.*

IV

Nous sommes portés à admettre qu'une telle transformation de la situation s'est aussi produite dans les rêves confus, bien que nous ne puissions savoir si elle concernait ici aussi un optatif. Le rêve cité en exemple au début, dont nous avons poussé quelque peu l'analyse, nous donne à vrai dire, en deux endroits, l'occasion de saisir quelque chose de ce genre. L'analyse montre que ma femme s'occupe d'autres gens à table, ce que je ressens comme une chose désagréable; de cela le rêve contient l'*exact contraire,* à savoir que la personne qui est substituée à ma femme se tourne entièrement vers moi. Or à quel désir une expérience désagréable peut-elle plus aisément donner naissance qu'à l'idée de l'événement contraire, qui se serait accompli comme il apparaît dans le rêve? Il existe un rapport tout à fait analogue entre l'amère pensée, fournie par l'analyse, que je n'ai rien eu pour rien et le propos de la femme dans le rêve : « Vous avez toujours eu de si beaux yeux. » Une partie des oppositions entre

661

contenu manifeste et contenu latent du rêve pourrait donc se ramener à l'accomplissement du désir.

Mais voici une opération plus frappante du travail de rêve qui donne naissance aux rêves incohérents. Si l'on compare, sur un exemple pris au hasard, le nombre des éléments de représentation ou l'importance des notations à quoi conduit l'analyse, quand on note un rêve et les pensées dont on retrouve une trace dans le rêve, on ne peut douter que le travail du rêve a réalisé en l'occurrence une compression ou *condensation* remarquables. Il n'est pas possible de se faire d'emblée une idée de l'étendue de cette condensation; mais elle s'impose d'autant plus que l'on a pénétré plus profondément dans l'analyse du rêve. Alors on ne trouve pas un élément du contenu du rêve dont les fils associatifs ne partiraient dans
662 deux directions ou davantage, pas une situation qui ne soit faite d'un assemblage de deux impressions et de deux expériences, ou davantage. J'ai rêvé un jour, par exemple, d'une sorte de piscine dans laquelle les baigneuses se dispersaient dans tous les sens; à un certain endroit du rebord, se tenait un individu qui se penchait vers une des baigneuses comme pour la tirer de l'eau. La situation se composait du souvenir d'un événement du temps de ma puberté et de deux tableaux dont l'un vu juste avant le rêve. Les deux tableaux étaient « La surprise au bain [a] » du cycle d'œuvres que Schwind a consa-

a. Le tableau s'intitule en fait *Der Eidbruch* [*Le parjure*].

crées à Mélusine (les baigneuses qui se dispersent) et un tableau du déluge dû à un maître italien. Quant au petit événement, il avait consisté en ceci que j'avais pu voir comment, au cours de natation, le maître nageur avait aidé à sortir de l'eau une femme qui s'était attardée jusqu'à l'heure réservée aux hommes. – Dans l'exemple que j'ai choisi au début pour mon exposé, l'analyse de la situation me conduit à une petite série de souvenirs dont chacun a fourni quelque chose au contenu du rêve. C'est d'abord la petite scène du temps de nos fiançailles dont j'ai déjà parlé; la pression des mains sous la table qui eut lieu alors a livré au rêve le détail « sous la table », que je dois introduire après coup dans mon souvenir du rêve. À l'époque de cet épisode, il n'était bien sûr pas question d'un « mouvement vers moi »; je sais par l'analyse que cet élément reste l'accomplissement de désir *a contrario* qui se rapporte au comportement de ma femme à la table d'hôte. Mais, derrière ce souvenir récent, se cache une scène tout à fait semblable et bien plus importante qui remonte au temps de nos fiançailles et qui nous brouilla tout un jour. La privauté consistant à poser la main sur le genou se rapporte à un contexte entièrement différent et à de tout autres personnes. Cet élément du rêve devient lui-même le point de départ de deux séries particulières de souvenirs, et ainsi de suite.

Le matériel venu des pensées du rêve qui se trouve comprimé pour former la situation du rêve

doit bien entendu être *a priori* disponible pour cet
663 usage. Pour cela il faut la présence d'un – ou plusieurs – élément commun dans tous les composants. Le travail du rêve procède alors comme Francis Galton pour la production de ses photographies de famille [a]. Il superpose en quelque sorte les différents composants; l'élément commun ressort alors nettement dans le tableau d'ensemble, les détails contradictoires s'effacent en quelque sorte réciproquement. Ce processus de production explique aussi, en partie, les déterminations flottantes, d'un flou singulier, de très nombreux éléments du contenu du rêve. Se fondant là-dessus, l'interprétation du rêve énonce la règle suivante : Là où, dans l'analyse, quelque chose d'*indéterminé* peut se résoudre par un *ou bien – ou bien,* on substituera à l'alternative un *« et »* pour l'interprétation, et on prendra chaque membre de cette apparente alternative comme point de départ indépendant d'une série d'idées incidentes.

Quand de tels *éléments communs* n'existent pas parmi les pensées du rêve, le travail du rêve s'efforce

a. Sir Francis Galton (1822-1911), qui fut un cousin de Charles Darwin, plaçait plusieurs photographies sur une même plaque sensible afin de faire ressortir les ressemblances au sein d'une même famille, Freud se réfère ici au livre de Galton *Inquiries into Human Faculty and its Development* (1883). Il cite cet auteur trois fois dans *L'Interprétation des rêves* (1900*a*), p. 127, 255 et 421. Une quinzaine d'années plus tard il s'y réfère également dans l'*Introduction à la psychanalyse* (1916-1917), p. 157 et enfin, à la fin de sa vie, dans *L'Homme Moïse et la religion monothéiste* (1939*a*), p. 67.

d'*en créer* pour permettre une figuration commune dans le rêve. Le chemin le plus commode pour rapprocher deux pensées du rêve qui n'ont rien de commun consiste à changer l'expression linguistique de l'une [a]; par là l'autre vient plus ou moins à sa rencontre dans une autre expression, grâce à une refonte appropriée. C'est un peu ce qui se passe chez un rimeur où la concordance des sons prend la place de l'élément commun recherché [dans notre exemple]. Une bonne partie du travail du rêve consiste en la création de telles pensées intermédiaires, souvent fort spirituelles, mais qui paraissent aussi fréquemment forcées, pensées qui vont de la figuration commune dans le contenu du rêve jusqu'aux pensées du rêve motivées par les circonstances du rêve, qui diffèrent par leur forme et leur nature. Dans l'analyse de notre exemple de rêve, je trouve justement un tel cas de transformation d'une pensée aux fins d'établir une rencontre avec une autre pensée, de nature étrangère. En poursuivant l'analyse, je tombe en effet sur la pensée suivante : *J'aimerais aussi une fois avoir quelque chose pour rien*;
mais cette forme n'est pas utilisable pour le contenu 664
du rêve. C'est pourquoi elle est remplacée par une forme nouvelle : *J'aimerais bien jouir de quelque chose sans qu'il « m'en coûte »*. Or, le mot *coûter* [*kosten*] convient, dans son second sens, au cercle de représentations de la table d'hôte et peut trouver sa

a. Quand on analyse un rêve pour l'interpréter.

figuration dans les *épinards* servis dans le rêve. Chez nous, quand on sert un plat dont les enfants ne veulent pas, leur mère tente d'abord de les persuader par la douceur et leur demande d'en *goûter* [*kosten*] *seulement un peu.* Il semble certes étrange que le travail du rêve exploite si aisément l'ambiguïté des mots; mais une fois qu'on a acquis un peu d'expérience, ce phénomène apparaît comme tout à fait habituel.

Le travail de condensation du rêve explique aussi certaines composantes de son contenu, qui lui sont particulières et ne se trouvent pas dans la pensée éveillée [a]. Il s'agit des *individus collectifs* et *composites,* ainsi que des singulières *formations composites,* créations comparables aux compositions animales de la fantaisie des peuples d'Orient, qui, dans notre pensée, se sont déjà figées en unités distinctes, alors que les compositions du rêve sont sans cesse remodelées selon un jaillissement inépuisable. Chacun connaît de telles formations à partir de ses propres rêves; leurs modes de production sont très variés. Je peux composer une personne en lui prêtant des traits d'un individu et d'un autre, ou bien en lui donnant la forme de tel individu tout en pensant dans le rêve au nom d'un autre, ou bien je peux me représenter l'aspect d'une personne mais la déplacer dans une situation qui s'est produite avec une autre. Dans tous les cas, la combinaison de

a. *im wachen Vorstellen :* litt. « dans le représenter éveillé ».

plusieurs personnes en un représentant unique dans le contenu du rêve est pleine de sens; elle vise à signifier un « et », un « comme », à établir, entre les personnes originales, une équation sous un certain rapport, rapport qui peut aussi être précisé dans le rêve lui-même. Mais, en règle générale, l'élément commun des individus fusionnés ne peut être découvert que par l'analyse et n'est précisément qu'indiqué dans le contenu du rêve par la constitution 665
de l'individu collectif.

La même diversité dans le mode de production et la même règle en ce qui concerne la dissolution [de ces figures] existent aussi dans le fourmillement innombrable des formations composites qu'on rencontre dans le contenu du rêve; il n'y a pas lieu, je pense, d'en donner des exemples. Leur singularité disparaît totalement si nous nous décidons à ne pas les placer sur le même plan que les objets de la perception éveillée, en nous souvenant qu'elles figurent une réalisation de la condensation du rêve et mettent en valeur, dans un raccourci saisissant, un caractère commun des objets ainsi combinés. Ici aussi, le caractère commun doit le plus souvent être dégagé par l'analyse. Le contenu du rêve ne dit en quelque sorte que : *Toutes ces choses ont un élément X en commun.* La décomposition de telles formations composites par l'analyse conduit souvent à la signification du rêve par le plus court chemin. C'est ainsi que j'ai rêvé que j'étais assis sur un banc avec un de mes anciens professeurs d'université; ce banc

avançait d'un mouvement rapide parmi d'autres bancs. Il s'agissait d'un mélange d'amphithéâtre et de *trottoir roulant*[a]. Je ne poursuivrai pas plus loin la pensée [de ce rêve]. – Une autre fois, je suis assis dans un wagon et tiens sur mes genoux un objet qui a la forme d'un chapeau haut de forme, mais qui est en verre transparent. La situation me fait penser tout de suite au dicton : *« Mit dem Hute in der Hand kommt man durchs ganze Land*[b]*. »* Le *haut-de-forme de verre* me rappelle, par un bref détour, le bec Auer, et je sais bientôt que j'aimerais faire une découverte qui me rendrait aussi riche et indépendant que mon compatriote, le Dr Auer von Welsbach, l'est devenu par la sienne, et qu'alors je voyagerais au lieu de demeurer à Vienne. Dans le rêve, je voyage avec mon invention – le haut-de-forme de verre, qui n'est certes pas encore d'usage courant. – Le travail du rêve affectionne tout particulièrement de figurer par la même formation composite deux représentations qui s'opposent : ainsi, par exemple, une femme se voit porter en rêve une haute tige de fleur, ainsi qu'on figure l'ange dans
666 les tableaux de l'Annonciation (innocence – Marie est le nom de cette femme), mais la tige est garnie

a. En français dans le texte. Il y en avait un à l'Exposition universelle de Paris, en 1900.

b. « Le chapeau à la main, on traverse tout le pays. » Autrement dit, avec suffisamment de déférence on arrive au bout de ses peines, au but.

de grandes fleurs blanches [a], qui ressemblent à des camélias (contraire de l'innocence : la Dame aux camélias).

Une bonne partie de ce que nous venons de dire sur la condensation du rêve peut se résumer dans cette formule : chaque élément du contenu du rêve est *surdéterminé* par le matériel des pensées du rêve, il ne dérive pas d'un seul élément des pensées du rêve mais de toute une série d'entre eux, lesquels n'ont nullement besoin d'être proches les uns des autres dans les pensées du rêve mais peuvent appartenir aux domaines les plus divers du tissu des pensées. L'élément du rêve est au sens exact le *remplacement dans le contenu du rêve* de tout ce matériel disparate. Mais l'analyse révèle encore un autre aspect de la relation complexe [b] entre contenu du rêve et pensées du rêve. De même que, de chaque élément du rêve, des relations conduisent à plusieurs pensées du rêve, ainsi, en règle générale, *une pensée du rêve est remplacée par plus d'un élément du rêve*; les fils associatifs ne convergent pas simplement des pensées du rêve au contenu du rêve, mais se croisent et s'entre-tissent fréquemment en chemin.

À côté de la transformation d'une pensée en une situation (la « dramatisation »), la condensation

a. Il faut probablement lire *« rouges »*. Voir p. 275 de *L'Interprétation des rêves* (Freud, 1900*a*) où le même rêve est commenté plus longuement.

b. *zusammengesetzt.*

constitue le caractère le plus important du travail du rêve et celui qui lui est le plus propre. Mais jusqu'ici rien ne nous a été dévoilé du motif qui obligerait à une telle compression du contenu.

V

Dans les rêves compliqués et confus dont nous allons nous occuper, il n'est pas possible de ramener à la condensation et à la dramatisation la totalité du sentiment de non-analogie entre contenu du rêve et pensées du rêve. Il existe des témoignages de l'action [a] d'un troisième facteur qui méritent d'être 667
soigneusement rassemblés.

Lorsque je suis parvenu grâce à l'analyse à connaître les pensées du rêve, je remarque avant tout que le contenu manifeste du rêve traite de tout autres matériaux que le contenu latent. Ce n'est à vrai dire qu'une apparence qui s'évanouit après un examen plus attentif, car à la fin je constate que tout le contenu du rêve est mis en œuvre dans les pensées du rêve et que presque toutes les pensées du rêve sont remplacées par le contenu du rêve. Cependant, il subsiste quand même quelque chose de cette différence. Ce qui, dans le rêve, était posé

a. *Wirksamkeit.*

fortement et clairement comme son contenu essentiel doit se contenter, après l'analyse, d'un rôle tout à fait subalterne parmi les pensées du rêve; le matériel de représentation qui, d'après ce que je ressens, peut prétendre à être reconnu d'importance majeure parmi les pensées du rêve, n'est soit pas du tout remplacé dans le contenu du rêve, soit seulement par une allusion lointaine dans une région insignifiante du rêve. Je peux décrire ce fait de la manière suivante : *pendant le travail du rêve, l'intensité psychique passe des pensées et représentations auxquelles elle convient légitimement à d'autres pensées et représentations qui, à mon sens, ne peuvent prétendre à une telle mise en valeur.* Nul autre processus ne contribue autant à cacher le sens du rêve et à me rendre méconnaissable la corrélation qui lie contenu du rêve et pensées du rêve. Au cours de ce processus que je nommerai *déplacement du rêve,* je constate aussi que l'intensité psychique, l'importance ou le potentiel d'affect de certaines pensées, se transpose en vivacité sensorielle. Ce qu'il y a de plus net dans le contenu du rêve m'apparaît toujours comme le plus important; mais c'est justement dans un élément indistinct du rêve que je peux souvent reconnaître le rejeton le plus direct de la pensée essentielle du rêve.

Ce que j'ai nommé déplacement du rêve, je
668 pourrais aussi le désigner du nom de *transvaluation des valeurs psychiques.* Mais je n'aurai pas donné une caractérisation exhaustive du phénomène si je n'ajoute que ce travail de déplacement ou de trans-

valuation se réalise à des degrés très variables dans les différents rêves. Il existe des rêves qui sont à la fois sensés et intelligibles, comme par exemple les rêves de désir non déguisés dont nous avons déjà parlé. Dans d'autres rêves, pas un élément des pensées du rêve n'a conservé sa valeur psychique propre, ou l'essentiel de ce qui vient des pensées du rêve se montre entièrement remplacé par des éléments accessoires. Et entre ces deux extrêmes nous pouvons reconnaître toute une série de transitions. Plus un rêve est obscur et confus, plus on est en droit d'attribuer un grand rôle au facteur déplacement dans sa formation.

L'exemple que nous avons choisi pour notre analyse révèle un déplacement au moins sur un point : son contenu apparaît comme *centré* autrement que les pensées du rêve. Au premier plan de ce contenu se place une situation dans laquelle une femme semble me faire des avances; dans les pensées du rêve l'accent est porté principalement sur le désir de jouir pour une fois d'un amour désintéressé, qui « ne coûte rien », et cette idée est cachée derrière l'expression « les beaux yeux » et l'allusion lointaine aux « épinards ».

Si nous défaisons [a] par l'analyse le déplacement du rêve, nous parvenons à des informations tout à fait certaines sur deux problèmes très discutés du

a. *rückgängig machen :* littéralement : faire marcher en arrière, à rebours.

rêve : l'excitateur du rêve et la corrélation rêve-vie de veille. Il existe des rêves qui trahissent immédiatement leur attache aux événements du jour; dans d'autres on ne découvre aucune trace d'une telle relation. Si alors on recourt à l'analyse, on peut démontrer que chaque rêve, sans exception possible, se rattache à une impression des jours précédents – sans doute est-il plus exact de dire : du dernier jour avant le rêve (du jour du rêve). L'impression à laquelle incombe le rôle d'excitateur du rêve peut être si importante que nous ne nous étonnons pas
669 de nous en occuper à l'état de veille, et, dans ce cas, nous disons à bon droit que le rêve poursuit les intérêts principaux de la vie de veille. D'habitude, toutefois, quand le contenu du rêve présente une relation avec une impression du jour, celle-ci est si minime, insignifiante et digne d'oubli que nous ne parvenons pas à nous en souvenir sans quelque peine. Même quand il est cohérent et intelligible, le contenu du rêve semble alors se préoccuper des bagatelles les plus indifférentes, qui seraient indignes de notre intérêt à l'état de veille. Une bonne partie du mépris qu'inspire le rêve découle de ce que son contenu favorise ainsi ce qui est indifférent et sans valeur.

L'analyse détruit le faux-semblant sur lequel ce jugement dédaigneux se fonde. Là où le contenu du rêve place au premier plan une impression différente en tant qu'excitateur du rêve, l'analyse met régulièrement en valeur l'événement important, à

juste titre générateur d'excitation, qui se substitue à l'événement indifférent avec lequel il a noué de nombreux liens associatifs. Là où le contenu du rêve traite un matériel de représentation sans signification et sans intérêt, l'analyse découvre les nombreux chemins de liaison grâce auxquels ces choses sans valeur sont en corrélation avec ce qui a le plus de valeur dans l'appréciation psychique faite par le rêveur. *Si, au lieu de l'impression à bon droit excitante, l'impression indifférente parvient à se faire admettre dans le contenu du rêve, ou au lieu du matériel à bon droit intéressant le matériel indifférent, il faut voir là uniquement des effets du travail de déplacement.* Si l'on répond aux problèmes que posent les excitateurs du rêve et la corrélation rêve-activité diurne selon nos nouvelles vues (ces vues auxquelles nous sommes parvenus par substitution du contenu latent du rêve au contenu manifeste), nous pouvons dire que *le rêve ne s'occupe jamais de choses qui ne sont pas également dignes de notre intérêt dans la vie diurne, et que les bagatelles qui ne nous affectent pas dans la vie diurne ne sont pas non plus en mesure de* 670
nous poursuivre dans notre sommeil.

Quel est l'excitateur du rêve dans l'exemple que nous avons choisi pour l'analyser? L'événement vraiment sans importance que constitue le fait qu'un ami m'invita à *prendre une voiture sans frais.* La situation de la table d'hôte telle qu'elle apparaît dans le rêve contient une allusion à cette circonstance indifférente car, dans la conversation, j'avais établi un parallèle entre la voiture et la table d'hôte. Mais je peux aussi mentionner l'événement significatif qui se trouve remplacé par l'événement minime. Peu de jours auparavant, j'avais fait une assez grande dépense d'argent pour une personne de ma famille qui m'est chère. Il n'y aurait rien d'étonnant, disaient les pensées du rêve, à ce que cette personne m'en soit reconnaissante, cet amour ne serait pas « sans frais ». Or l'amour sans frais se trouve au premier plan des pensées du rêve. Comme j'ai fait, il y a peu de temps, plusieurs *déplacements en voiture* avec le parent en question, celui que je fais avec mon ami me met en situation de me souvenir de mes relations avec cette autre personne. – L'impression indifférente qui, à la faveur de telles connexions [a], devient l'excitateur du rêve est en outre soumise à une autre condition qui ne s'applique pas à la source effective du rêve : elle doit dans tous les cas être *récente,* provenir du jour du rêve.

Je ne puis abandonner le thème du déplacement du rêve sans mentionner un curieux processus qui accompagne la formation du rêve, dans lequel condensation et déplacement agissent ensemble pour produire un effet. En parlant de la concentration, nous avons déjà vu le cas où deux représentations qui ont quelque chose en commun, un point de contact dans les pensées du rêve, se substituent, dans le contenu du rêve, par une représentation

a. *Verknüpfungen.*

composite, où un noyau plus ou moins distinct correspond à l'élément commun, des caractéristiques accessoires indistinctes aux traits particuliers des deux représentations. Un déplacement s'ajoute-t-il à cette condensation, il n'en résulte pas la formation d'une représentation composite, mais celle d'un *élément commun moyen,* qui se comporte par rapport aux éléments isolés comme, pour prendre une ana- 671
logie, la résultante par rapport à ses composantes dans le parallélogramme des forces. Dans le contenu d'un de mes rêves, il est par exemple question d'une injection de *propylène* [a]. Dans l'analyse, je n'arrive d'abord qu'à un événement indifférent agissant comme excitateur du rêve, dans lequel l'*amylène* joue un rôle. Je ne parviens pas encore à expliquer le changement de l'amylène en propylène. Mais le souvenir de ma première visite à Munich où les *Propylées* me frappèrent appartient aussi au cercle de pensée de ce même rêve. Le détail de l'analyse incline à penser que l'influence de ce second cercle de représentation sur le premier a provoqué le déplacement d'amylène vers propylène. *Propylène* est pour ainsi dire une représentation qui fait la moyenne entre *amylène* et *Propylées*; pour cette raison il a pénétré dans le contenu du rêve à la manière d'un *compromis,* par une condensation et un déplacement simultanés.

a. Allusion au « rêve d'Irma », le premier que Freud ait analysé complètement. Il est rapporté avec beaucoup plus de détails dans *L'Interprétation des rêves* (Freud, 1900*a*), p. 99-112.

Ici, s'agissant de ce travail de déplacement, il devient encore plus urgent que dans le cas de la condensation de découvrir d'où proviennent ces effets énigmatiques du travail du rêve.

VI

Quand on ne retrouve pas ou ne reconnaît pas les pensées du rêve dans le contenu du rêve – sans qu'on devine le motif d'une telle déformation – il faut surtout l'imputer au travail de déplacement. Un autre genre, moins brutal, de transformation – déjà anticipé dans les pensées du rêve – conduit alors à la découverte d'une nouvelle opération du travail du rêve qui, elle, se comprend aisément. Les premières pensées du rêve qu'on développe par l'analyse frappent en effet souvent par leur habillage inhabituel; elles ne semblent pas données dans les formes linguistiques sobres dont notre pensée se sert de préférence; elles sont au contraire figurées d'une manière symbolique 672
par des comparaisons et des métaphores, en quelque sorte dans une langue poétique et imagée. Il n'est pas difficile de trouver ce qui motive cette contrainte qui pèse sur l'expression des pensées du rêve. Le contenu du rêve consiste le plus souvent en situa-

tions visualisables [a]; les pensées du rêve doivent donc tout d'abord recevoir une accommodation qui les rende utilisables pour ce mode de figuration. Imaginons, par exemple, qu'on nous demande de remplacer les phrases d'un éditorial politique ou d'une plaidoirie devant un tribunal par une série de dessins; nous comprendrons alors sans peine les modifications auxquelles le travail du rêve est contraint *pour tenir compte de la figurabilité dans le contenu du rêve.*

Dans le matériel psychique des pensées du rêve, on rencontre normalement des souvenirs d'événements qui ont fait impression – remontant dans bien des cas à la première enfance –, qui ont donc été saisis le plus souvent avec leur contenu visuel. Cette partie constitutive des pensées du rêve exerce, là où elle le peut, une influence déterminante sur la mise en forme du contenu du rêve, en ce sens qu'elle agit, en quelque sorte comme un point de cristallisation, par son effet d'attraction et de répartition, sur le matériel des pensées du rêve. La situation du rêve n'est souvent rien d'autre qu'une répétition – modifiée et compliquée par des intercalations – d'un tel événement qui a fait impression; en revanche, le rêve n'apporte que très rarement des reproductions fidèles et sans mélange de scènes réelles.

Le contenu du rêve n'est toutefois pas fait exclu-

a. *anschaulich.* – De même plus loin « visualisation » traduira *Anschaulichkeit.*

sivement de situations; il inclut également des bribes d'images visuelles sans lien entre elles, des discours et même des fragments de pensées qui n'ont subi aucun changement. C'est pourquoi il peut être intéressant de passer en revue, très succinctement, les moyens de figuration qui sont à la disposition du travail du rêve pour reproduire les pensées du rêve dans le mode d'expression qui est particulier au rêve.

Les pensées du rêve que l'analyse nous fait connaître s'offrent à nous comme un complexe psychique d'une construction [a] aussi embrouillée qu'il est possible. Ses éléments entretiennent entre eux
les relations logiques les plus diverses; ils sont faits 673
de premier plan et d'arrière-plan, de conditions, de digressions, d'explications, de démonstrations et d'objections. Presque dans tous les cas, un raisonnement est accompagné de son pendant contradictoire. Aucune des caractéristiques avec lesquelles la pensée éveillée nous a familiarisés ne manque à ce matériel. Si maintenant un rêve doit naître de tout cela, ce matériel psychique est soumis à une pression qui le condense énergiquement, à un émiettement intérieur et à un déplacement qui créent en quelque sorte de nouvelles surfaces et une influence sélective des parties constitutives qui conviennent le mieux à la formation de la situation. Compte tenu de la genèse de ce matériel, il est légitime de qualifier

a. *Aufbau.*

un tel processus de *« régression »*. Les liens logiques qui avaient tenu ensemble le matériel psychique jusqu'à ce moment se perdent en effet au cours de cette transformation qui les change en contenu du rêve. Le travail du rêve ne prend en quelque sorte à sa charge, pour l'élaborer, que le contenu factuel [a] des pensées du rêve. Il incombe au travail de l'analyse de restaurer la corrélation que le travail du rêve a détruite.

On peut dire que le rêve dispose de piètres moyens d'expression si on les compare à ceux de notre langue intellectuelle, mais le rêve n'a pas à renoncer complètement à la reproduction des relations logiques qui lient les pensées du rêve; au contraire, il réussit très souvent à substituer à ces relations des caractères formels de sa propre texture.

Le rêve se conforme d'abord à l'indéniable corrélation qui existe entre toutes les parties des pensées du rêve en ceci qu'il unit ce matériel à une situation. Il reproduit une *corrélation logique* en tant que *rapprochement dans le temps et l'espace,* à la manière du peintre qui réunit tous les poètes dans un tableau du Parnasse : ceux-ci n'ont jamais été ensemble sur le sommet d'une montagne mais ils forment en pensée une communauté. Le rêve poursuit dans le détail ce mode de figuration et, souvent, lorsqu'il montre deux éléments tout près l'un de l'autre dans

a. *sachlich.*

le contenu du rêve, il cautionne une corrélation particulièrement intime entre ce qui leur correspond dans les pensées du rêve. Il faut d'ailleurs remarquer à ce sujet que tous les rêves produits au cours d'une même nuit révèlent à l'analyse qu'ils proviennent du même cercle de pensées. 674

La *relation causale* entre deux pensées est soit laissée sans figuration, soit remplacée par la *succession* de deux fragments de rêve, de longueur inégale. Cette figuration est souvent renversée, en ce sens que le début du rêve fournit la conséquence, sa fin la prémisse. La *transformation* directe d'une chose en une autre, dans le rêve, semble figurer la relation de *cause* à *effet*.

Le rêve n'exprime jamais l'alternative *« ou bien – ou bien »*, mais il recueille ces deux termes comme également justifiés dans la même corrélation. J'ai déjà signalé qu'un « ou bien – ou bien » utilisé par la production onirique doit être traduit par un *« et »*.

Des représentations qui se trouvent en mutuelle opposition sont exprimées dans le rêve de préférence par le même élément [1]. Le « ne... pas » ne semble pas exister dans le rêve. L'opposition entre deux pensées, la relation *d'inversion*, trouve une figuration des plus remarquables dans le rêve. Elle est exprimée

1. [*Note ajoutée en 1911* :] Il vaut la peine d'être noté que d'éminents linguistes affirment que les plus anciennes langues humaines auraient très généralement exprimé des notions contradictoires par le même mot (fort – faible, dedans – dehors, etc.). Cf. « Sur le sens opposé des mots originaires » (Freud, 1910*e*).

par le fait qu'un autre fragment du contenu du rêve est retourné en son contraire comme après coup. Nous parlerons plus loin d'une autre manière d'exprimer la *contradiction* [a]. Dans le rêve aussi la sensation si fréquente du *mouvement inhibé* sert à figurer une contradiction entre des impulsions, un *conflit de volontés.*

675 Une seule des relations logiques – celle de l'*analogie,* de la *propriété de traits communs,* de la *concordance* – est favorisée au plus haut point par le mécanisme de la formation du rêve. Le travail du rêve se sert de ces procédés comme de points d'appui pour la condensation du rêve, en réunissant tout ce qui montre une telle concordance en une *nouvelle unité.*

Cette brève série de remarques élémentaires est naturellement loin de rendre justice à la quantité des moyens formels de figuration dont le rêve use pour traduire les relations logiques des pensées du rêve. Les différents rêves sont sous ce rapport élaborés avec plus ou moins de subtilité ou de négligence, ils se tiennent plus ou moins soigneusement au texte qui leur est présenté, ils utilisent dans une mesure plus ou moins grande les moyens dont s'aide le travail du rêve. Dans le second cas, ils apparaissent comme obscurs, confus, sans cohérence. Mais quand le rêve paraît manifestement absurde, là où il inclut un non-sens patent dans son contenu, il

a. Cf. p. 97.

est intentionnellement ainsi, et il exprime, par son apparente négligence de toute prétention à la logique, une part du contenu intellectuel des pensées du rêve. Dans le rêve, l'absurdité signifie *contradiction, sarcasme* et *dérision* dans les pensées du rêve. Comme cette explication constitue la plus forte objection contre la conception qui veut faire naître le rêve d'une activité intellectuelle dissociée et dénuée de critique, on me permettra de l'étayer par un exemple.

Un homme de ma connaissance, Monsieur M., a été attaqué dans un article par Goethe lui-même, et cela, estimons-nous tous, avec une violence qui n'était pas justifiée. – Monsieur M. est naturellement anéanti par cette attaque. Il s'en plaint amèrement à une table d'hôte; cependant sa vénération de Goethe n'a pas été affectée par cette expérience personnelle. Je cherche à présent à expliquer quelque peu les conditions chronologiques, qui me semblent invraisemblables. Goethe est mort en 1832. Comme son attaque de Monsieur M. doit naturellement être antérieure, Monsieur M. était à cette époque un tout jeune homme. Il me paraît plausible qu'il avait dix-huit ans. Mais je ne sais pas exactement en quelle année nous sommes, et ainsi tout mon calcul sombre dans l'obscurité. L'attaque est 676
d'ailleurs contenue dans le célèbre essai de Goethe sur « La Nature [a] *».*

Le non-sens de ce rêve apparaîtra encore plus

a. Voir aussi *L'Interprétation des rêves* (Freud, 1900*a*) où ce rêve est également analysé, p. 281 et 373-375.

crûment quand j'aurai dit que Monsieur M. est un jeune homme d'affaires dépourvu de tout intérêt pour la poésie et la littérature. Mais si je procède à l'analyse de ce rêve, je réussirai sans doute à montrer combien il y a de « méthode » cachée derrière ce non-sens. Le rêve tire son matériel de trois sources :

1. Monsieur M., dont j'ai fait la connaissance à une *table d'hôte* [a], me pria un jour d'examiner son frère aîné qui, disait-il, laissait paraître des indices d'une activité mentale perturbée. Pendant mon entretien avec le malade, il se produisit un événement pénible : cet homme critiqua son frère, sans que rien l'y invitât, par une allusion à des *frasques de jeunesse* de celui-ci. J'avais demandé à mon patient sa *date de naissance* (*date de mort* dans le rêve) et lui avais fait exécuter différents calculs qui étaient censés prouver la faiblesse de sa mémoire.

2. Une revue médicale qui s'honorait aussi de mon nom sur sa couverture avait publié, signée d'un très *jeune* collaborateur, une critique véritablement *« anéantissante »* du livre de F., mon ami de Berlin [b]. J'en demandai raison au directeur qui m'exprima ses regrets mais ne voulut rien promettre pour réparer le

a. Ici le mot est en allemand : *Tischgesellschaft.*

b. Allusion à la monographie de W. Fliess parue en 1897. Voir Bibliographie.

mal. Sur ce, je mis fin à mes relations avec la revue, en exprimant, dans ma lettre de rupture, l'espoir que *nos relations personnelles ne pâtissent pas de cet incident.* Telle est la source proprement dite du rêve. L'accueil négatif réservé au livre de mon ami m'avait fait une impression profonde. Cet ouvrage contenait, à mon sens, une découverte biologique fondamentale qui ne commence qu'à présent – après bien des années – à obtenir la faveur des experts.

3. Peu auparavant, une patiente m'avait 677
raconté l'histoire de la maladie de son frère, qui était tombé dans la folie furieuse en s'exclamant *« Nature, Nature ».* Les médecins avaient pensé que l'exclamation provenait de la lecture de ce bel essai de *Goethe,* en soulignant que le malade s'était surmené au cours de ses études. *Il me paraissait plus plausible,* avais-je fait remarquer, d'admettre que l'exclamation « Nature » devait être prise dans le sens sexuel où l'entendent aussi les individus sans éducation [a]. Le fait que le malheureux se mutila plus tard les parties génitales sembla au moins ne pas me donner tort. Le jeune homme était âgé de *dix-huit ans* lorsque cette crise se produisit.

a. Dans l'usage populaire autrichien ce mot désigne aussi les parties génitales ou le sperme.

Dans le contenu du rêve, c'est d'abord mon ami si maltraité par la critique qui se cache derrière le moi. *« Je cherche à m'expliquer quelque peu les conditions chronologiques. »* Le livre de mon ami s'occupe en effet des conditions *chronologiques* de la vie et ramène aussi, entre autres choses, la durée de la vie de *Goethe* à un multiple d'un nombre de jours qui a une signification en biologie. Mais ce moi est comparé à un paralytique *(« Je ne sais pas exactement en quelle année nous sommes. »)* Le rêve figure ceci : que mon ami se conduit comme un paralytique, et du même coup se perd dans l'absurdité. Mais les pensées du rêve disent ironiquement : « Naturellement, c'est un fou, un dément, et vous êtes [les critiques] les génies qui en savent plus. Cependant ne devrait-ce pas être *l'inverse?* » – Ce *renversement* est largement remplacé dans le rêve, en ce sens que Goethe a attaqué le jeune homme, ce qui est absurde, alors qu'aujourd'hui encore un tout jeune homme pourrait fort bien attaquer le grand Goethe.

Je tiens à affirmer qu'aucun rêve ne procède de motions autres qu'égoïstes. Dans le rêve, le moi n'est effectivement pas là seulement pour mon ami, mais aussi pour moi. Je m'identifie avec lui parce
678 que le destin de sa découverte m'apparaît comme le modèle de l'accueil qui sera fait à mes propres trouvailles. Lorsque je m'avancerai avec ma théorie qui met en relief la sexualité dans l'étiologie des troubles psychonévrotiques (voir l'allusion au malade de dix-huit ans *« Nature, Nature »*), je retrouverai

la même critique et je lui oppose d'ores et déjà le même sarcasme.

Si je suis davantage les pensées du rêve, je ne trouve toujours que *sarcasme* et *dérision* comme *corrélatifs des absurdités du rêve.* La découverte d'un crâne de mouton brisé sur le Lido de Venise a, comme on sait, inspiré à Goethe sa théorie dite vertébrale du crâne. – Mon ami s'enorgueillit d'avoir déclenché un chahut, lorsqu'il était étudiant, pour obtenir la mise à la retraite d'un vieux professeur autrefois éminemment qualifié (notamment aussi dans cette discipline de l'anatomie comparée), mais que la *sénilité* avait rendu inapte à l'enseignement. L'agitation provoquée par mon ami remédia à ce fâcheux état de choses, puisque dans les universités allemandes aucune *limite d'âge* n'est fixée à l'enseignement. – *L'âge, en effet, ne protège pas de l'imbécillité.* – Dans l'hôpital de la ville que j'habite, j'ai eu l'honneur de travailler pendant des années sous un chef devenu depuis longtemps un *fossile,* notoirement atteint de *débilité mentale* depuis des décennies, qui gardait le droit d'exercer une fonction lourde de responsabilités. Ici, une épithète qui renvoie à la découverte faite sur le Lido s'impose à moi [a]. – À l'hôpital, quelques-uns de mes jeunes collègues de ce temps composèrent, sur le compte de cet homme, une

a. Freud pense à *Schafskopf,* tête de mouton, qui signifie aussi imbécile.

adaptation d'une rengaine alors en vogue : *« Das hat kein* Goethe *g'schrieben, das hat kein Schiller g'dicht »*, etc. [a]

a. « C'est pas l'œuvre d'un Goethe, c'est pas les vers d'un Schiller. »

VII

Nous ne sommes pas encore au terme de notre appréciation du travail du rêve. En dehors de la condensation, du déplacement et de l'arrangement 679
visuel du matériel psychique, nous nous voyons obligé de lui attribuer encore une autre activité, dont la contribution ne se reconnaît toutefois pas dans tous les rêves. Je ne traiterai pas dans le détail de cette partie du travail du rêve, me bornant à souligner qu'on se fait le plus facilement une idée de sa nature en se ralliant à l'hypothèse – probablement inexacte – *qu'elle n'agit qu'après coup sur le contenu du rêve, une fois celui-ci déjà constitué.* Son opération consiste à ordonner les constituants du rêve de manière qu'ils s'assemblent en un ensemble à peu près cohérent, une composition de rêve. Le rêve obtient ainsi une façade qui, cependant, ne recouvre pas partout son contenu ; il reçoit du même coup une première interprétation préliminaire que viennent appuyer des interpolations et de légères modifications. Certes

ce traitement [a] du contenu du rêve ne devient possible qu'à condition de rester superficiel, il ne livre d'ailleurs rien d'autre qu'une évidente fausse interprétation des pensées du rêve, et quand nous attaquons l'analyse du rêve, nous devons d'abord nous affranchir de cette tentative d'interprétation.

Dans cette partie du travail du rêve la motivation est particulièrement transparente. Ce sont des *considérations d'intelligibilité* qui déterminent cette dernière révision [b] du rêve; mais cela trahit aussi l'origine de cette activité. Elle se comporte à l'égard du contenu du rêve qui se présente devant elle comme notre activité psychique normale se comporte en général à l'égard de n'importe quel contenu perceptif qui s'offre à elle. Elle l'appréhende en utilisant certaines représentations anticipatives, l'ordonne dès le moment de la perception, à condition qu'il soit intelligible, court ce faisant le risque de le fausser et tombe effectivement d'abord, s'il ne se laisse rapprocher de rien de connu, dans les plus singuliers malentendus. On sait que nous ne sommes pas en mesure de voir une suite de signes, ou d'entendre une succession de mots qui ne nous sont pas fami-
680 liers sans en fausser d'abord la perception par des *considérations d'intelligibilité,* parce que nous nous appuyons sur quelque chose qui nous est connu.

Les rêves qui ont subi ce traitement de la part

a. *Bearbeitung.*
b. *Ueberarbeitung.*

d'une activité psychique complètement analogue à la pensée éveillée peuvent être qualifiés de bien *composés*. Dans d'autres rêves, cette activité est complètement défaillante; il n'a même pas été tenté d'y introduire ordre et interprétation, et alors que, après notre réveil, nous nous sentons identiques avec cette dernière partie du travail du rêve, nous jugeons le rêve « tout à fait confus ». Mais pour notre analyse le rêve qui ressemble à un amas désordonné de fragments sans cohésion a autant de valeur que celui qui a été rendu bien lisse et pourvu d'une surface. Dans le premier cas, nous nous épargnons en quelque sorte la peine de détruire la révision du contenu du rêve.

On se tromperait cependant [a] si on ne voulait rien voir d'autre dans ces façades que de tels traitements du contenu du rêve – au fond générateurs de malentendus et passablement arbitraires [b] – par l'instance consciente de notre vie psychique. L'établissement de la façade du rêve fait souvent appel à des fantaisies de désir qui se trouvent préformées dans les pensées du rêve et qui sont de même nature que celles qui nous sont familières dans la vie éveillée et qu'on nomme à juste titre « rêves diurnes ». Les fantaisies de désir que l'analyse découvre dans les rêves nocturnes se révèlent souvent comme des répétitions et des remaniements de scènes infantiles;

a. Cet alinéa a été ajouté en 1911.
b. *willkürlich.*

dans bien des cas, la façade du rêve nous montre ainsi directement le noyau proprement dit du rêve, qui avait été déformé par mélange avec un autre matériau.

Le travail du rêve ne révèle pas d'autres activités que les quatre que nous venons de mentionner. Si nous nous tenons à notre définition qui désigne par « travail du rêve » le passage des pensées du rêve dans le contenu du rêve, nous devons nous dire que le travail du rêve n'est pas créateur, qu'il ne développe pas de fantaisie qui lui soit particulière; il ne porte pas de jugement, n'apporte pas de conclu-
681 sion, il ne fait absolument rien d'autre que condenser le matériel, le déplacer, le remanier dans le sens de la visualisation, à quoi s'ajoute enfin le petit apport variable d'un traitement interprétatif. Il est vrai qu'on trouve dans le contenu du rêve bien des choses qu'on aimerait regarder comme le résultat d'une autre et plus haute opération intellectuelle, mais l'analyse montre chaque fois d'une manière convaincante que *ces opérations intellectuelles ont déjà eu lieu dans les pensées du rêve et qu'elles ont été seulement reprises par le contenu du rêve.* Une conclusion tirée dans le rêve n'est rien d'autre que la répétition d'une conclusion tirée dans les pensées du rêve; elle ne choque pas quand elle est passée sans changement dans le rêve; elle devient absurde quand le travail du rêve l'a déplacée par exemple sur un autre matériel. Un calcul fait dans le rêve signifie seulement qu'un calcul se trouve parmi les

pensées du rêve; tandis que celui-ci est chaque fois rationnel, il se peut que, par condensation de ses facteurs et par déplacement du mode d'opération sur un autre matériel, le calcul du rêve livre le résultat le plus insensé. Même les discours qui se trouvent dans le contenu du rêve sont composés à neuf; ils se révèlent comme un amalgame de discours tenus, ou entendus et lus, discours qui ont été renouvelés dans les pensées du rêve et dont ils copient très fidèlement le texte, tout en laissant de côté l'occasion qui les a fait naître et en modifiant leur sens de la manière la plus brutale.

Il n'est peut-être pas superflu d'étayer par des exemples ces dernières affirmations.

I. Rêve d'apparence anodine et bien composé fait par une patiente :

Elle se rend au marché avec sa cuisinière qui porte le panier. Elle demande quelque chose au boucher, qui lui répond : « Il n'y en a plus » [litt. : on ne peut plus l'avoir]. *Il veut lui donner autre chose en ajoutant : « Ça aussi c'est bon. » Elle refuse et va chez la marchande de légumes. Celle-ci veut lui vendre un curieux légume qui se présente en bottes, mais qui est* 682
de couleur noire. Elle dit : « Je ne connais pas cela, *je n'en prends pas.* »

La réponse : *« Il n'y en a plus »* vient du traitement. Quelques jours auparavant j'avais expliqué à la patiente, en usant des mêmes mots, que nous ne *pouvions plus avoir* en tant que tels nos plus anciens souvenirs d'enfance mais que des transferts et des rêves s'y substituent. Le boucher c'est donc moi.

La seconde réponse : *« Je ne connais pas cela »* a trouvé place dans un tout autre contexte. La veille, elle avait grondé sa cuisinière, qui au demeurant apparaît aussi dans le rêve, en lui disant : *« Conduisez-vous correctement, je ne connais pas cela »,* ce qui signifie sans doute : « Je ne reconnais pas, je n'admets pas une telle conduite. » La partie la plus anodine de ce propos passa dans le contenu du rêve par un déplacement; dans les pensées du rêve seule l'autre partie du rêve joua un rôle car ici le travail du rêve a changé, jusqu'à la rendre complètement méconnaissable et absolument anodine, une situation née de la fantaisie [a] dans laquelle je *me conduis d'une certaine manière incorrectement* à l'égard de cette dame. Or cette situation espérée en imagination [b] n'est elle-même que la réédition de celle qui a été effectivement vécue.

II. Rêve apparemment tout à fait insignifiant où apparaissent des nombres. *Elle veut payer une chose quelconque; sa fille sort 3 florins 65 kreuzers de son porte-monnaie; mais elle dit : « Qu'est-ce que tu fais? Cela ne coûte que 21 kreuzers. »*

La femme qui a fait ce rêve était une étrangère qui avait placé son enfant dans un pensionnat de Vienne et qui pouvait poursuivre son traitement

a. *Phantasiesituation.*

b. *in der Phantasie erwartete Situation.*

avec moi aussi longtemps que sa fille demeurerait à Vienne. La veille du rêve, la directrice du pensionnat lui avait suggéré de lui laisser l'enfant encore pendant un an. Dans ce cas, elle aurait aussi prolongé le traitement d'une année. Les chiffres du rêve prennent une signification quand on se souvient que le temps c'est de l'argent. *Time is money. Un an* est égal à *365 jours,* exprimé en kreuzers il est égal à 365 de ceux-ci, ou 3 florins 65 kreuzers. Les *21 kreuzers* correspondent aux *trois semaines* qui 683
séparaient alors le jour du rêve de la fin des classes et du même coup du terme de la cure. Ce furent manifestement des considérations financières qui avaient déterminé la dame à décliner la proposition de la directrice et qui sont responsables, dans le rêve, de la modicité de la somme.

III. Une jeune femme, mariée cependant depuis plusieurs années, apprend qu'une connaissance qui a presque son âge, Mlle Élise L., s'est fiancée. Cette circonstance produit le rêve suivant :

Elle est au théâtre avec son mari, un côté de l'orchestre est tout à fait vide. Son mari raconte à la jeune femme qu'Élise L. et son fiancé auraient aussi voulu venir, mais n'auraient obtenu que de mauvaises places, trois pour 1 florin 50 kreuzers, *et bien entendu ils ne pouvaient pas les prendre. Elle pense que cela n'aurait du reste pas été un malheur.*

Ici, c'est l'origine des chiffres qui apparaissent dans le matériel des pensées du rêve et les transformations qu'ils ont subies qui nous intéresseront.

D'où vient ce 1 fl. 50 kr.? D'une circonstance indifférente de la veille. La belle-sœur de la jeune femme avait reçu de son mari 150 florins en cadeau et elle s'était *dépêchée* de se défaire de cette somme en s'achetant un bijou. Notons ici que 150 fl. représentent exactement le centuple de 1 fl. 50 kr. Pour le *trois*, le nombre des billets de théâtre, il n'a qu'un point d'attache [avec le réel] : à savoir qu'Élise L., la fiancée, a exactement trois mois de moins que celle qui a fait le rêve. La situation qui apparaît en rêve est la répétition d'un petit événement à propos duquel le mari de cette femme l'a maintes fois taquinée. Un jour elle s'était *dépêchée* de prendre des billets à l'avance pour une représentation théâtrale, mais arrivée au théâtre, elle avait constaté qu'*un côté de l'orchestre était presque vide*. Elle n'aurait donc pas eu besoin de *tant se dépêcher*. – N'oublions pas non plus cette *absurdité* du rêve : deux personnes qui doivent prendre trois billets pour aller au théâtre.

Voici maintenant les pensées du rêve : ce fut un *non-sens* de me marier si jeune! Je n'aurais pas eu *besoin de tant me dépêcher*. L'exemple d'Élise L. me
684 montre que j'aurais quand même trouvé un mari, et même *cent fois* meilleur (mari, trésor), si seulement j'avais attendu. Avec mon argent (ma dot), j'aurais pu m'acheter *trois* de ces maris [a].

a. *Männer*, mot qui signifie aussi hommes.

VIII

Maintenant que les exposés qui précèdent nous ont familiarisés avec le travail du rêve, nous serons sans doute enclins à l'expliquer en y voyant un processus psychique tout à fait particulier dont, à notre connaissance, il n'existe pas d'équivalent. C'est sur le travail du rêve qu'est passé en quelque sorte le déconcertement que provoquait d'ordinaire en nous son produit, le rêve. En réalité, le travail du rêve n'est que le premier des processus psychiques par nous découverts dans une série d'autres, processus auxquels il faut ramener la genèse des symptômes hystériques, des idées anxieuses, obsédantes et délirantes. La condensation et surtout le déplacement sont deux caractères qui ne manquent jamais à ces autres processus. Le remaniement dans le sens de la visualisation reste en revanche particulier au travail du rêve. Si cette explication place le rêve dans la même série que les formations qu'on observe lors de l'entrée dans une maladie psychique, il deviendra d'autant plus important pour nous de connaître les conditions essentielles qui déterminent des processus tels que la formation du rêve. Nous verrons probablement non sans surprise que ni l'état de sommeil ni la maladie ne font partie de ces conditions indispensables. Toute une série de phénomènes de la vie quotidienne des gens bien portants – oubli, *lapsus linguae,* méprises, et une certaine classe d'erreurs – doivent leur naissance à un mécanisme analogue à celui du rêve et des autres membres de la série.

Le noyau du problème réside dans le déplacement, qui est de loin l'opération particulière la plus frappante du travail du rêve. Si on approfondit le sujet, on se rend compte que la condition essentielle qui détermine le déplacement est psychologique;
685 elle est de la nature d'une *motivation.* On découvre sa trace quand on prend en considération certaines expériences auxquelles il n'est pas possible d'échapper dans l'analyse des rêves. Dans mon analyse de l'exemple que je donne page 58, j'ai été obligé d'interrompre mon compte rendu des pensées du rêve, parce que, parmi elles, il s'en trouvait, comme je l'ai reconnu, que je tiens à cacher à des tiers et que je ne peux communiquer sans manquer gravement à certains égards. J'ajoutais qu'il ne me servirait à rien de choisir un autre rêve pour en communiquer l'analyse; dans chaque rêve, disais-je, dont le contenu est obscur ou confus, je tomberais sur des pensées du rêve qui exigent d'être tenues secrètes. Mais si je poursuis l'analyse pour moi-

même, sans tenir compte des autres, auxquels une expérience aussi personnelle que mon rêve ne peut en aucun cas s'adresser, je parviens en fin de compte à des pensées qui me surprennent, que je ne me savais pas avoir en moi, qui ne sont pas seulement *étranges* [a] pour moi mais aussi *désagréables* et que pour cette raison j'aimerais contester énergiquement, alors que l'enchaînement de pensées que parcourt l'analyse me les impose inexorablement. Je ne peux tenir compte de cet état de choses tout à fait général autrement qu'en admettant que ces pensées ont effectivement existé dans ma vie psychique et qu'elles ont été en possession d'une certaine intensité ou énergie psychiques, mais qu'elles se seraient trouvées dans une situation psychologique particulière, par suite de laquelle elles *ne pouvaient me devenir conscientes.* J'appelle cet état particulier celui du *refoulement.* Je ne puis alors me dispenser d'établir une liaison causale entre l'obscurité du contenu du rêve et l'état de refoulement de certaines pensées du rêve, leur *incapacité d'accéder à la conscience,* et de conclure que le rêve doit être obscur *pour ne pas trahir les pensées prohibées.* J'en arrive ainsi au concept de la *déformation du rêve,* qui est l'œuvre du travail du rêve et qui sert à la *dissimulation,* à l'intention de cacher.

Je veux faire l'épreuve de ce que j'avance sur l'exemple de rêve choisi pour l'analyse et me 686

a. *fremdartig.*

demander quelle peut bien être la pensée qui, dans ce rêve, se met en valeur sous un aspect déformé, alors que, non déformée, elle susciterait ma plus violente opposition. Je me souviens que la course gratuite en voiture m'a fait penser aux récentes et coûteuses courses en voiture que j'ai faites avec une personne de ma famille, qu'il en résulta comme interprétation du rêve : « J'aimerais connaître un jour de l'amour qui ne me coûte rien », et que peu de temps avant le rêve j'avais eu à faire une assez grande dépense d'argent pour cette même personne. Dans ce contexte, je ne peux me défendre de penser *que je regrette d'avoir fait cette dépense.* C'est seulement lorsque je reconnais cette motion que mon désir, éprouvé en rêve, de connaître un amour qui ne m'oblige à aucune dépense prend un sens. Et cependant je peux dire honnêtement que je me suis résolu à dépenser cette somme sans balancer un instant. Je n'ai pas eu conscience du mouvement contraire, d'avoir regretté mon geste. Pour quelles raisons? C'est là, certes, une autre question qui me conduirait bien loin de mon sujet, et dont la réponse, que je connais, a place dans un autre contexte.

Si je soumets à l'analyse un rêve fait non pas par moi mais par une autre personne, le résultat sera le même; mais les motifs pour y ajouter foi changeront. Si le rêve est celui d'un individu bien portant, il ne me restera rien d'autre à faire, pour l'obliger à reconnaître les idées refoulées qui ont été

découvertes, que de mettre l'accent sur le contexte [a] des pensées du rêve, et il se peut fort bien que cet individu se refuse à les reconnaître. S'agit-il en revanche d'un patient névrosé, par exemple d'un hystérique, il sera contraint d'admettre la pensée refoulée à cause de la corrélation [a] de celle-ci avec ses symptômes pathologiques et à cause de l'amélioration que connaîtra son état quand il échangera des symptômes contre des idées refoulées. Chez la patiente dont provient le dernier rêve, par exemple – celui où il est question de trois billets pour 1 fl. 50 kr. –, l'analyse doit admettre qu'elle fait peu de cas de son mari, qu'elle regrette de l'avoir épousé, qu'elle aimerait l'échanger contre un autre. Cette 687
femme affirme certes qu'elle aime son mari, que sa vie affective ne sait rien de ce mépris (un mari cent fois meilleur), mais tous ses symptômes conduisent à la même conclusion [b] que ce rêve, et une fois que furent réveillés ses souvenirs refoulés d'une certaine époque où elle n'a pas aimé son mari en toute conscience, ces symptômes trouvèrent leur résolution [c] et la résistance de la patiente contre l'interprétation du rêve disparut.

a. *Zusammenhang.*
b. *Auflösung.*
c. *sind gelöst.*

IX

Maintenant que nous avons établi le concept de refoulement et mis en rapport la déformation du rêve avec le matériel psychique refoulé, nous pouvons exprimer en termes tout à fait généraux le principal résultat que fournit l'analyse des rêves. En parlant des rêves intelligibles et sensés, nous avons dit qu'ils étaient des accomplissements de désir voilés, c'est-à-dire que la situation onirique figure en eux, comme accompli, un désir connu de la conscience, laissé de côté par la vie diurne et éminemment digne d'intérêt. S'agissant des rêves obscurs et confus, ce que nous enseigne l'analyse est tout à fait analogue : la situation onirique figure de nouveau comme accompli un désir qui se dégage invariablement des pensées du rêve, mais sa figuration est méconnaissable, elle ne peut s'expliquer que par rétrogression [a] dans l'analyse, et le désir est soit lui-même refoulé, étranger à la conscience,

a. *Zurückführung.*

soit en liaison très intime avec les pensées refoulées, porté par celles-ci. La formule qui convient à ces rêves est donc la suivante : *ce sont des accomplissements voilés de désirs refoulés.* Il est intéressant de noter à ce sujet que la croyance populaire a raison de penser que le rêve annonce toujours l'avenir. En vérité, l'avenir que nous montre le rêve n'est pas celui qui va arriver mais celui que nous aimerions voir arriver. L'âme populaire procède ici comme à son habitude : elle croit ce qu'elle désire croire.

688 Nous diviserons les rêves en trois classes, selon leur comportement à l'égard de l'accomplissement de désir. D'abord, ceux qui figurent *sans voile* un désir *non refoulé*; ce sont les rêves du type infantile, qui deviennent toujours plus rares chez l'adulte. Deuxièmement, ceux qui expriment, sous une forme *voilée,* un désir *refoulé*; cette classe comprend sans doute la très grande majorité de tous nos rêves, qui ont ensuite besoin de l'analyse pour être compris. Troisièmement, les rêves régulièrement accompagnés d'une *angoisse* qui interrompt le rêve. L'angoisse est ici le substitut de la déformation du rêve; elle n'a été épargnée aux rêves de la deuxième classe que par le travail du rêve. On peut prouver sans trop de difficulté que le contenu de représentation qui nous dispense à présent de l'angoisse dans le rêve a été jadis un désir, qui a depuis ce temps succombé au refoulement.

Il existe aussi des rêves clairs au contenu pénible, mais qui, dans le rêve, n'est pas ressenti comme pénible. On ne peut les ranger parmi les rêves d'angoisse; mais ils ont toujours servi à prouver l'insignifiance et l'absence de valeur psychique des rêves. L'analyse d'un exemple de ce genre montrera qu'il s'agit ici d'accomplissements *bien dissimulés* de désirs refoulés, donc de rêves de la seconde classe; elle montrera en même temps de quelle remarquable manière le travail de déplacement est apte à dissimuler le désir.

Une jeune fille rêve qu'elle voit devant elle, mort, le seul enfant qui reste à sa sœur, et cela dans le cadre même où elle a vu, quelques années plus tôt, le cadavre du premier enfant de cette sœur. Elle n'en éprouve nulle douleur, mais se révolte naturellement à l'idée que cette situation correspondrait à un désir de sa part. On ne le lui demande d'ailleurs pas; mais c'est devant le cercueil de cet enfant que, des années auparavant, elle a vu pour la dernière fois l'homme qu'elle aimait et qu'elle lui a parlé; le second enfant viendrait-il à mourir, elle rencontrerait sans doute de nouveau cet homme
dans la maison de sa sœur. Elle aspire passionné- 689
ment à cette rencontre, mais se révolte contre ce sentiment. Le jour même du rêve, elle a pris un billet pour une conférence que doit donner cet homme toujours aimé. Le rêve de la jeune fille est un simple rêve d'impatience, tel qu'il s'en produit ordinairement avant des voyages, des représentations théâtrales, et autres plaisirs analogues qu'on attend. Mais pour lui cacher ce désir ardent, la situation a

été déplacée vers un événement très peu propre à susciter un sentiment de joie, événement qui s'est toutefois réellement produit un jour. Observons encore que, dans le rêve, le comportement affectif n'est pas adapté au contenu du rêve poussé au premier plan mais au contenu réel, bien que celui-ci soit retenu à l'arrière-plan. La situation du rêve anticipe la rencontre désirée depuis longtemps; elle n'offre aucun point d'attache pour un sentiment douloureux [a].

a. Ce rêve apparaît aussi dans *L'Interprétation des rêves* (Freud, 1900*a*), p. 138-140 (« Charles mort dans son cercueil »).

X

Jusqu'ici les philosophes n'ont jamais eu l'occasion de s'occuper d'une psychologie du refoulement. Il nous est donc permis, en première approche de ce phénomène [a] encore inconnu, de nous faire une représentation concrète [b] du processus de la formation du rêve. Il est vrai que le schéma auquel nous parvenons – pas seulement par l'étude du rêve – est passablement compliqué; mais un schéma plus simple ne peut nous suffire. Nous faisons l'hypothèse que notre appareil psychique comporte deux instances formatrices de pensée, dont la seconde possède le privilège de voir ses produits trouver libre accès à la conscience, tandis que l'activité de la première instance est en soi inconsciente et ne peut parvenir à la conscience que par l'intermédiaire de la seconde. À la frontière des deux instances, au passage de la première à la seconde, se trouverait

a. *Sachverhalt.*
b. *anschaulich.*

une censure ne laissant passer que ce qui lui est agréable mais retenant le reste. En ce cas, ce qui est écarté par la censure se trouve, selon notre
690 définition, dans l'état de refoulement. Dans certaines conditions dont l'une est l'état de sommeil le rapport des forces entre les deux instances se modifierait de telle manière que le refoulé ne peut plus être entièrement retenu. Dans l'état de sommeil cela aurait lieu probablement par le relâchement de la censure; alors ce qui a été refoulé jusqu'à ce moment réussira à se frayer un chemin à la conscience. Cependant, comme la censure n'est jamais complètement supprimée mais seulement rabaissée, le refoulé devra subir du même coup des modifications qui atténueront ses aspects choquants. Ce qui devient conscient dans un tel cas, c'est un compromis entre les intentions d'une des instances et les exigences de l'autre. *Refoulement – relâchement de la censure – formation d'un compromis,* tel est le schéma fondamental de la genèse d'un très grand nombre d'autres formations psychopathologiques où les choses se passent comme dans le rêve; et dans la formation du compromis on observe, ici comme là, les processus de condensation et de déplacement ainsi que le recours à des associations superficielles dont nous avons parlé à propos du travail du rêve [a].

Nous n'avons aucune raison de nous dissimuler l'élément de démonisme qui est entré en jeu dans

a. Voir pages 103-105.

notre explication du travail du rêve. Nous avons eu l'impression que la formation de rêves obscurs se fait *comme si* un individu dépendant d'un autre avait à exprimer quelque chose qui doit être désagréable à ce dernier; à partir de cette comparaison nous avons conçu la notion de *déformation du rêve* et de censure, et nous sommes efforcés de traduire notre impression en une théorie psychologique certes fruste mais qui représente au moins les choses en les visualisant. Même si une élucidation plus poussée du sujet doit nous permettre d'identifier avec autre chose notre première et notre deuxième instance, nous attendrons de voir se confirmer une corrélation de notre hypothèse, à savoir que la seconde instance règne sur l'accès à la conscience et qu'elle peut en écarter la première.

Lorsque l'état de sommeil est surmonté, la censure se rétablit rapidement dans sa pleine vigueur
et peut à présent détruire ce qui lui a été arraché 691
au temps de sa faiblesse. Une expérience vérifiée d'innombrables fois montre que l'*oubli* du rêve s'explique au moins *en partie* par là. Pendant le récit d'un rêve, ou pendant son analyse, il n'est pas rare de voir resurgir subitement un fragment qu'on croyait oublié. Ce fragment arraché à l'oubli contient régulièrement l'accès le meilleur et le plus direct à la signification du rêve. C'est vraisemblablement pour cette raison seulement qu'il est tombé victime de l'oubli, c'est-à-dire de la nouvelle répression.

XI

Si nous concevons le contenu du rêve comme la figuration d'un désir accompli, et si nous ramenons son obscurité aux changements que la censure fait subir au matériel refoulé, nous n'avons plus non plus de peine à découvrir la fonction du rêve. À l'inverse des singulières assertions qui prétendent que les rêves troublent le sommeil, nous devons voir dans *le rêve le gardien du sommeil.* Notre affirmation trouvera sans doute facilement créance en ce qui concerne le rêve des enfants.

L'état de sommeil ou le changement psychique déterminé par le sommeil, quelle que soit la nature de ce changement, est produit par une résolution de dormir qui est soit imposée à l'enfant, soit prise sur la base de la fatigue; et elle ne devient possible que par la mise à l'écart de stimulus qui pourraient donner à l'appareil psychique d'autres buts que le sommeil. Les moyens qui servent à tenir à distance des stimulus extérieurs sont connus; mais de quels moyens disposons-nous pour tenir en soumission les

stimulus psychiques internes qui s'opposent à l'endormissement? Observons une mère qui endort son enfant. Celui-ci ne cesse d'exprimer des besoins; il veut encore un baiser, il aimerait encore jouer. Ces
692 besoins sont en partie satisfaits, en partie ajournés autoritairement au lendemain. Il est clair que les désirs et les besoins qui se manifestent sont les inhibitions qui s'opposent à l'endormissement. Qui ne connaît l'amusante histoire du méchant garçon imaginée par Balduin Groller [a], qui, se réveillant la nuit, crie à travers la chambre : *« Il veut le rhinocéros »*? Un enfant plus sage, au lieu de crier, *rêverait* qu'il joue avec le rhinocéros. Comme le rêve – qui montre le désir accompli – trouve *créance* pendant le sommeil, il supprime le désir et rend le sommeil possible. Il est incontestable que cette créance appartient à l'image onirique, parce que celle-ci se revêt de l'apparence psychique de la perception, alors que l'enfant ne possède pas encore la faculté – qu'il acquerra plus tard – de distinguer l'hallucination ou la fantaisie de la réalité.

L'adulte a appris à faire cette distinction, il a également compris qu'il ne sert à rien de désirer et, par une longue pratique, il est parvenu à différer ses aspirations jusqu'à ce qu'elles puissent trouver leur satisfaction [b], à travers de longs détours, par le changement du monde extérieur. C'est aussi la

a. Romancier autrichien du XIXᵉ siècle.
b. *Erledigung.*

raison pour laquelle les accomplissements de désir par la voie psychique courte se produisent rarement chez lui dans le rêve; davantage : il est même possible qu'ils ne se produisent pas du tout, et que tout ce qui nous semble formé sur le modèle d'un rêve d'enfant réclame une explication bien plus complexe. Mais c'est pourquoi il s'est formé chez l'adulte – et à coup sûr chez tout individu sain d'esprit, sans exception – une différenciation du matériel psychique qui manquait à l'enfant. Il s'est constitué une instance psychique qui, instruite par l'expérience de la vie, maintient avec une sévérité jalouse une influence dominatrice et inhibitrice sur les motions psychiques, et qui, par sa position par rapport à la conscience et à la motilité volontaire [a], est équipée des plus grands moyens de puissance psychique. Or, une partie des motions enfantines a été opprimée par cette instance comme inutiles à la vie, et tout le matériel de pensées qui découle de celles-ci se trouve en état de refoulement.

Tandis que l'instance dans laquelle nous recon- 693
naissons notre moi normal s'oriente vers le désir de dormir, il semble que les conditions psychophysiologiques du sommeil l'obligent à relâcher l'énergie avec laquelle elle avait l'habitude de tenir en soumission le refoulé pendant le jour. Ce relâchement est certes anodin en soi; même si les excitations de l'âme enfantine opprimée peuvent se donner libre

a. *willkürlich*.

carrière, elles trouvent, par suite de ce même état de sommeil, plus difficilement accès à la conscience et l'accès à la motilité leur est barré. Le danger pour le sommeil d'être perturbé par ces excitations doit être repoussé [a]. Or, nous devons admettre de toute manière qu'une certaine quantité d'attention libre est mobilisée même dans le sommeil profond en tant que garde contre les stimulus sensoriels, et cette garde peut faire préférer le réveil à la poursuite du sommeil. On ne s'expliquerait pas, sans cela, que des stimulus sensoriels d'une certaine *qualité* puissent à tout moment nous éveiller, comme le physiologiste Burdach l'avait déjà relevé il y a longtemps [b] : la mère, par exemple, par les pleurs de son enfant, le meunier par l'arrêt de son moulin, la plupart des gens quand ils sont appelés par leur nom prononcé à voix basse. Cette attention qui monte la garde se tourne à présent aussi vers les stimulus de désir internes qui montent du refoulé et forme avec eux le rêve, qui, en tant que compromis, satisfait les deux instances à la fois. Le rêve crée une sorte de liquidation psychique du désir réprimé ou formé à l'aide du refoulé, en le posant comme réalisé; mais il satisfait aussi l'autre instance en permettant la poursuite du sommeil. Notre moi, en l'occurrence, se comporte un peu comme un enfant; il accorde créance aux images du rêve comme

a. *abgewehrt.*

b. Dans son livre, paru en 1838, *Die Physiologie als Erfahrungswissenschaft (La physiologie comme science expérimentale).*

s'il voulait dire : « Oui, oui, tu as raison, mais laisse-moi dormir. » Le mépris où, une fois éveillés, nous tenons le rêve, mépris qui se fonde sur la confusion et l'apparent illogisme du rêve n'est vraisemblablement rien d'autre que le jugement de notre moi dormant sur les motions venues du refoulé, jugement qui s'appuie à plus juste titre sur l'impuissance motrice de ces perturbateurs du sommeil.
Ce jugement dépréciatif nous devient quelquefois 694
consciente même dans le sommeil; quand le contenu du rêve va par trop au-delà de la censure, nous pensons : ce n'est qu'un rêve – et nous continuons à dormir.

La conception que nous venons d'exposer n'est pas infirmée par le fait qu'il existe pour le rêve aussi des cas limites où il ne peut plus conserver sa fonction qui est de protéger le sommeil contre une interruption – ainsi dans le rêve d'angoisse – et où il la troque contre l'autre, qui est de suspendre le sommeil au bon moment. Ce faisant, il n'agit pas autrement qu'un veilleur de nuit consciencieux qui fait d'abord son devoir en apaisant les troubles pour que les habitants ne soient pas réveillés, mais qui ne fait que prolonger son devoir en réveillant lui-même les habitants, lorsque les causes du trouble lui paraissent inquiétantes et qu'il n'en arrive pas à bout lui-même.

Cette fonction du rêve [a] devient particulièrement

a. La fonction de sauvegarde du sommeil.

évidente lorsque le dormeur est l'objet d'un stimulus déclenchant des sensations. Que des stimuli sensoriels mis en œuvre durant l'état de sommeil influencent le contenu des rêves, c'est là une chose bien connue, qu'on peut prouver expérimentalement et qui appartient au petit nombre des résultats certains (mais très surévalués) de la recherche médicale en matière de rêve. Une énigme jusqu'ici insoluble s'est cependant attachée à ce résultat. Le stimulus sensoriel que l'expérimentateur fait agir sur le dormeur n'est en effet pas correctement reconnu dans le rêve, mais il est soumis à l'une quelconque des innombrables interprétations dont la détermination a semblé laissée au libre arbitre psychique [a]. Bien entendu, il n'existe pas de libre arbitre psychique. Le dormeur peut réagir de plusieurs manières à l'égard d'un stimulus sensoriel venu de l'extérieur. Soit il se réveille, soit il réussit à poursuivre malgré tout son sommeil. Dans ce dernier cas, il peut se servir du rêve pour se débarrasser du stimulus extérieur, et cela aussi de plus d'une manière. Il peut, par exemple, supprimer le stimulus en rêvant une situation totalement incompatible avec celui-ci. C'est ainsi que se conduisit, par exemple, un dormeur qu'un abcès douloureux au périnée voulait déranger. Il rêva qu'il était à cheval et utilisa pour cela,
695 comme selle, le cataplasme destiné à adoucir sa souffrance; ainsi il passa par-dessus ce qui le déran-

a. *psychische Willkür.*

geait. Ou alors, cas plus fréquent, le stimulus extérieur subit une réinterprétation, qui le met en corrélation avec un désir refoulé à l'affût d'une réalisation, le prive ainsi de sa réalité et le traite comme un élément du matériel psychique. C'est ainsi que quelqu'un rêve qu'il a écrit une comédie qui développe une idée particulière, qu'elle est représentée au théâtre, que le premier acte vient de se terminer suscitant un accueil enthousiaste. On applaudit à tout rompre... Ici le rêveur doit avoir réussi à prolonger son sommeil au-delà de la perturbation, car lorsqu'il se réveilla, il n'entendit plus le bruit, mais jugea avec raison qu'on devait avoir battu un tapis ou un matelas. – Les rêves qui s'instaurent immédiatement avant le réveil, du fait d'un grand bruit, tentent de récuser [a] le stimulus de réveil attendu par une autre explication et de prolonger encore le sommeil d'un petit moment.

a. *ableugnen.*

XII [a]

Celui qui s'en tient à la thèse de la *censure* comme motif principal de la déformation du rêve ne sera pas déconcerté d'apprendre, comme cela ressort de l'interprétation du rêve, que l'analyse ramène la plupart des rêves faits par des adultes à des *désirs érotiques*. Cette affirmation ne vise pas les rêves ayant un contenu sexuel non déguisé, rêves que chacun connaît sans doute par sa propre expérience et qui sont d'ordinaire les seuls à être qualifiés de « rêves sexuels ». Ceux-ci offrent toujours suffisamment d'éléments déconcertants par le choix des personnes dont ils font des objets sexuels, par la suppression de toutes les barrières devant lesquelles le dormeur oblige, dans la vie éveillée, ses besoins sexuels à s'arrêter, par de nombreuses particularités singulières qui font penser à ce qu'on nomme le *pervers*. Cependant, l'analyse montre qu'un très grand nombre 696
d'autres rêves, qui ne trahissent rien d'érotique dans

a. Tout ce chapitre a été ajouté en 1911.

leur contenu manifeste, sont démasqués, au travail de l'analyse, comme des accomplissements de désir de caractère sexuel, et que, d'autre part, un très grand nombre de pensées laissées de côté par l'activité mentale de l'état de veille en tant que « restes diurnes » ne parviennent à être figurées dans le rêve qu'avec l'aide de désirs érotiques refoulés.

Pour expliquer cet état de choses, que rien ne postule théoriquement, soulignons qu'aucun autre groupe de pulsions n'a subi, du fait des exigences de l'éducation conduisant à la vie civilisée, une répression aussi importante que les pulsions sexuelles, mais aussi que, chez la plupart des individus, les pulsions sexuelles s'entendent le mieux à se soustraire à la domination des plus hautes instances psychiques. Depuis que nous avons appris à connaître la *sexualité infantile,* qui est souvent si peu apparente dans ses manifestations, régulièrement négligée et mal comprise, nous sommes en droit de dire que presque tout homme civilisé a conservé en un point quelconque la configuration infantile de la vie sexuelle, et nous comprenons de ce fait que les désirs sexuels infantiles refoulés fournissent les forces pulsionnelles les plus nombreuses et les plus puissantes qui concourent à la formation des rêves [1].

S'il peut arriver au rêve qui exprime des désirs érotiques de paraître anodinement asexuel dans son contenu manifeste, cela n'est possible que d'une

1. Voir à ce sujet mes *Trois essais sur la théorie sexuelle* (1905*d*).

manière. Le matériel de représentations sexuelles n'a pas le droit d'être figuré comme tel; il faut lui substituer dans le contenu du rêve des indications, des allusions et des modes analogues de figuration indirecte, mais à la différence d'autres cas de figuration indirecte, celle qui est utilisée dans le rêve doit être dépouillée d'intelligibilité immédiate. On s'est habitué à désigner les moyens de figuration qui correspondent à de telles conditions comme étant des *symboles* de ce qui est figuré par leur intermédiaire. Un intérêt particulier s'est porté sur eux depuis qu'on s'est avisé que les rêveurs parlant la même langue se servent des mêmes symboles,
voire même que, dans certains cas, la communauté 697
de symboles s'étend au-delà de la communauté de langue. Comme les rêveurs ignorent eux-mêmes la signification des symboles qu'ils utilisent, on ne comprend pas au premier abord d'où vient la relation de ces symboles avec ce qui se substitue à eux et qu'ils désignent. Le fait lui-même est toutefois indubitable et prend de l'importance pour la technique de l'interprétation, car à l'aide d'une connaissance de la symbolique du rêve, il est possible de comprendre le sens d'éléments isolés du contenu du rêve, ou de fragments isolés du rêve, ou parfois même de rêves entiers, sans avoir besoin d'interroger le rêveur sur ses idées incidentes. Nous nous rapprochons ainsi de l'idéal populaire d'une traduction du rêve et retournons d'autre part à la technique interprétative des peuples anciens chez qui inter-

prétation du rêve et interprétation par la symbolique étaient une seule et même chose.

Bien que les études entreprises sur les symboles du rêve soient encore loin d'être terminées, nous pouvons quand même soutenir avec certitude une série d'affirmations générales et d'indications particulières sur ce sujet. Il existe des symboles qu'il y a lieu de traduire presque universellement d'une manière univoque. C'est ainsi que l'empereur et l'impératrice (ou le roi et la reine) signifient les parents, les chambres figurent des femmes [a], les entrées et les sorties les orifices corporels. La plupart des symboles du rêve servent à figurer des personnes, des parties du corps et des activités marquées d'un intérêt érotique; les parties génitales, en particulier, peuvent être figurées par un grand nombre de symboles souvent très surprenants, et les objets les plus divers se trouvent utilisés pour les désigner symboliquement. Si des armes pointues, des objets longs et roides comme des troncs d'arbre ou des bâtons remplacent les organes génitaux mâles, des armoires, des coffrets, des voitures, des fourneaux remplacent le corps féminin dans le rêve, le *tertium comparationis,* l'élément commun de ces substitutions nous est aisément intelligible, nous ne pouvons cependant saisir les relations aussi facilement dans le cas de tous les symboles. Des symboles comme celui de

a. *Frauen(zimmer)* dans le texte. *Frauenzimmer* (litt. : chambre de femme) signifie femme avec une nuance quelque peu dépréciative.

l'escalier et de l'ascension pour l'acte sexuel, de la cravate pour le membre viril, du bois pour le corps féminin suscitent notre scepticisme aussi longtemps 698
que nous n'avons pas acquis par d'autres voies l'intelligence de la relation symbolique. Toute une série de symboles oniriques sont d'ailleurs bisexuels; selon le contexte ils peuvent être rapportés aux organes génitaux masculins ou féminins.

Il y a des symboles d'extension universelle que l'on rencontre chez tous les rêveurs d'une aire linguistique et culturelle; d'autres qui ne se présentent que dans des limites très étroites et individuelles, des symboles que tel individu s'est façonnés à partir de son matériel de représentation. Parmi les premiers de ces symboles, on distingue ceux dont la revendication à remplacer le sexuel est immédiatement justifiée par le langage (comme, par exemple, ceux qui proviennent de l'agriculture : reproduction, semence) et ceux dont la relation au sexuel semble remonter aux temps les plus anciens et aux profondeurs les plus obscures où se forment nos idées. Le pouvoir de former des symboles n'est pas éteint de nos jours, pour ce qui est des deux types de symboles que nous venons de distinguer. On peut observer que des objets inventés depuis peu (comme les aéronefs) sont aussitôt élevés à la dignité de symboles sexuels d'un usage universel.

Il serait d'ailleurs erroné d'espérer qu'une connaissance encore plus approfondie de la symbolique du rêve (du « langage du rêve ») pourrait nous dispenser d'interroger le rêveur sur les idées qui lui viennent à propos de son rêve et nous ramener entièrement à la technique antique de l'interprétation des rêves. Sans même tenir compte des symboles individuels et des oscillations qui se produisent dans l'usage des symboles universels, on ne sait jamais si un élément du contenu du rêve doit être interprété symboliquement ou au sens propre, et on sait avec certitude que tout élément du contenu du rêve ne doit pas être interprété symboliquement. La connaissance de la symbolique du rêve ne nous fournira jamais que la traduction de composantes isolées du contenu du rêve et elle ne rendra pas superflue l'utilisation des règles techniques que nous avons formulées plus haut. Cependant, elle interviendra comme le plus précieux auxiliaire de l'interprétation précisément là où les idées incidentes du rêveur seront défaillantes ou insuffisantes.

699 La symbolique du rêve se révèle également indispensable pour comprendre les rêves dits « typiques » des êtres humains et les rêves « récurrents » de l'individu. Si ce bref exposé n'a réussi à donner qu'une idée si incomplète du mode d'expression symbolique du rêve, nous justifierons ce défaut en attirant l'attention sur une découverte qui compte parmi les plus importantes que nous ayons faites en ce domaine. La symbolique du rêve conduit bien au-delà du rêve; elle n'appartient pas en propre au rêve mais domine de la même manière la figuration dans les contes, les mythes et les légendes, dans les

mots d'esprit et dans le folklore. Elle nous permet de suivre les relations intimes que le rêve entretient avec ces productions; cependant, nous devons nous dire qu'elle n'est pas le fruit du travail du rêve, mais constitue une particularité – probablement de notre pensée inconsciente – qui fournit au travail du rêve le matériel qu'il utilise pour la condensation, le déplacement et la dramatisation [1].

1. Sur la symbolique du rêve, voir – en dehors des écrits anciens sur l'interprétation du rêve (Artémidore d'Éphèse, Scherner, *La vie du rêve,* 1861) –, notre *Interprétation du rêve* [1900*a*], les travaux de l'école psychanalytique consacrés à la mythologie, et aussi les travaux de W. Stekel (*La langue du rêve,* 1911).

XIII

Je ne prétends pas avoir éclairé dans cet ouvrage tous les problèmes que pose le rêve ni non plus avoir résolu de manière convaincante ceux qui ont été discutés ici. Pour une bibliographie complète des écrits consacrés au rêve, nous renvoyons au livre de Sante de Sanctis, *I sogni,* Turin, 1899; les lecteurs qui cherchent des arguments plus détaillés en faveur de la conception du rêve que je viens d'exposer pourront se tourner vers mon livre, *Die Traumdeutung* [*L'Interprétation du rêve*], Leipzig et Vienne,
1900. Il ne me reste plus qu'à préciser dans quelle 700
direction mes exposés sur le travail du rêve doivent être poursuivis.

En posant que la tâche d'une interprétation du rêve est de substituer au rêve les pensées latentes du rêve, donc de défaire [a] ce que le travail du rêve a tissé, je soulève d'une part une série de problèmes psychologiques nouveaux qui se rapportent au

a. Le texte allemand porte ici le mot *Auflösung*.

mécanisme même de ce travail du rêve aussi bien qu'à la nature et aux conditions de ce que nous avons appelé refoulement; d'autre part, j'affirme l'existence des pensées du rêve, en tant qu'elles constituent un matériel très abondant de formations psychiques de l'ordre le plus élevé et pourvues de toutes les caractéristiques d'une opération intellectuelle normale, matériel qui se soustrait cependant à la conscience jusqu'à ce qu'il lui en ait donné une information déformée par le contenu du rêve. Je suis obligé de supposer que de telles pensées existent chez chacun, attendu que presque tous les hommes, y compris les plus normaux, sont capables de rêver. Des problèmes importants pour la psychologie se rattachent au caractère inconscient des pensées du rêve, à leurs rapports avec la conscience et le refoulement, mais il y a sans doute lieu d'en ajourner les réponses jusqu'au moment où l'analyse aura tiré au clair la naissance d'autres formations psychopathologiques, telles que les symptômes hystériques et les idées obsédantes.

BIBLIOGRAPHIE

ARTÉMIDORE D'ÉPHÈSE, *La Clef des songes ou les cinq livres d'interprétation des songes, rêves et visions,* traduit du grec et annoté par A.J. Festugière, Paris, Vrin, 1975. (Conformément à l'usage allemand, Freud nomme cet auteur Artémidore de Daldis.) (139)

BINZ, C. (1878), *Über den Traum,* Bonn. (47)

BURDACH, K.F. (1838), *Die Physiologie als Erfahrungswissenschaft.* (128)

FLIESS, W. (1897), *Die Beziehungen zwischen Nase und weiblichen Geschlechtsorganen in ihren biologischen Bedeutungen,* Vienne. (98)
Trad. : *Les Relations entre le nez et les organes génitaux de la femme, présentées selon leurs significations biologiques,* trad. P. Ach et J. Guir, Paris, Le Seuil, 1977.

FREUD, S. (1900*a*), *Die Traumdeutung,* Vienne, *G.W.,* tome II-III. (76, 81, 89, 97, 120, 139, 141)
Trad. : *L'Interprétation des rêves,* trad. I. Meyerson, révisée par D. Berger, Paris, Presses universitaires de France, 1967.

(1905*d*), *Drei Abhandlungen zur Sexualtheorie,* Vienne, *G.W.,* tome V, p. 29. (134)
Trad. : *Trois essais sur la théorie sexuelle,* trad. Ph. Koeppel, Paris, Gallimard, 1987.

(1910*e*), « Über den Gegensinn der Urworte », *G.W.,* tome VIII, p. 213. (95)

Trad. : « Sur le sens opposé des mots originaires », trad. B. Féron, *L'Inquiétante Étrangeté,* Paris, Gallimard, 1985.

(1916-1917), *Vorlesungen zur Einführüng in die Psychoanalyse, G.W.,* tome IX. (76)

Trad. : *Introduction à la psychanalyse,* trad. S. Jankélévitch, Paris, Payot, 1973.

(1939*a*), *Der Mann Moses und die monotheistische Religion, G.W.,* tome XVI, p. 103-246. (76)

Trad. : *L'Homme Moïse et la religion monothéiste,* trad. C. Heim, Paris, Gallimard, 1986.

GALTON, F. (1883), *Inquiries into Human Faculty and its Development,* Londres, 2ᵉ éd. 1907. (76)

SANCTIS, SANTE DE (1896), *I sogni e il sonno nell' isterismo e nella epilepsia,* Rome. (141)

SCHERNER, K.A. (1861), *Das Leben des Traumes,* Berlin. (47, 139)

SCHUBERT, G.H. von (1814), *Die Symbolik des Traumes,* Bamberg. (46)

Trad. : *La Symbolique du rêve,* trad. et présenté par P. Valette, Paris, A. Michel, 1982.

STEKEL, W. (1911), *Die Sprache des Traumes,* Wiesbaden. (139)

VOLKELT, J. (1875), *Die Traum-Phantasie,* Stuttgart. (47)

INDEX

ŒUVRES DE SIGMUND FREUD

Traductions nouvelles

NOUVELLES CONFÉRENCES D'INTRODUCTION À LA PSYCHANALYSE.

SIGMUND FREUD PRÉSENTÉ PAR LUI-MÊME.

LA QUESTION DE L'ANALYSE PROFANE.

Préface de J.-B. Pontalis. En appendice : La Question en débat, *par Michel Schneider.*

L'INQUIÉTANTE ÉTRANGETÉ et autres essais.

L'HOMME MOÏSE ET LA RELIGION MONOTHÉISTE.

Préface de Marie Moscovici.

VUE D'ENSEMBLE DES NÉVROSES DE TRANSFERT.

Un essai métapsychologique. *Édition bilingue d'un manuscrit retrouvé. Commentaires d'Ilse Grubrich-Simitis et de Patrick Lacoste.*

LE DÉLIRE ET LES RÊVES DANS LA « GRADIVA » DE W. JENSEN.

Préface de J.-B. Pontalis.

TROIS ESSAIS SUR LA THÉORIE SEXUELLE.

Préface de Michel Gribinski.

UN SOUVENIR D'ENFANCE DE LÉONARD DE VINCI.

Préface de J.-B. Pontalis.

Composé et achevé d'imprimer
par l'Imprimerie Floch
à Mayenne, le 7 mars 1988.
Dépôt légal : mars 1988.
Numéro d'imprimeur : 26321.

ISBN 2-07-071274-5 / Imprimé en France.

42967